Generis

PUBLISHING

Internacionalización Empresarial: Modelos y Estrategias para la Expansión global

Dr. Eduardo José Salazar Araujo

Title: ***Internacionalización Empresarial: Modelos y Estrategias para la Expansión global***

ISBN: 979-8-89966-097-9

Author: Dr. Eduardo José Salazar Araujo

Cover image: www.pixabay.com

Publisher: Generis Publishing
Online orders: www.generis-publishing.com
Contact email: info@generis-publishing.com

Internacionalización Empresarial:

Modelos y Estrategias para la Expansión global

Resumen del libro

Este libro es una guía estratégica para emprendedores y empresarios latinoamericanos que desean expandir sus negocios hacia mercados internacionales. A lo largo de sus capítulos, el lector encontrará herramientas prácticas para diseñar e implementar estrategias efectivas de internacionalización, adaptadas a la realidad de las pymes de la región.

La obra inicia con una revisión crítica de los enfoques que han orientado la inserción empresarial en el comercio global, y continúa con el análisis del entorno internacional mediante herramientas como el modelo PESTEL, clave para identificar oportunidades y riesgos. Luego, se abordan estrategias de marketing internacional, mostrando cómo adaptar o estandarizar productos y campañas según las características culturales y económicas de cada país.

También se presentan métodos para calcular y gestionar los costos de exportación e importación, fijar precios competitivos y seleccionar modalidades de venta adecuadas. Finalmente, se exploran aspectos logísticos y contractuales, incluyendo la gestión de la cadena de suministro y el uso estratégico de los INCOTERMS.

Cada capítulo está diseñado para brindar conocimientos aplicables que permitan tomar decisiones informadas, minimizar riesgos y maximizar el impacto de la expansión internacional. Esta obra no solo explica el "por qué" y el "cómo" del comercio internacional, sino que ofrece herramientas para transformar ideas en acciones concretas.

Reseña autobiográfica

Desde mis primeros años como estudiante de Administración de Empresas en Barranquilla, supe que mi vocación estaba en conectar el conocimiento con la transformación social. Mi pasión por el conocimiento me llevó a Panamá, donde cursé una maestría en Negocios Internacionales y luego a Argentina, donde obtuve el título PhD. en Administración de Negocios. He dedicado casi dos décadas a la docencia universitaria, formando generaciones de estudiantes en temas de negocios internacionales y sostenibilidad. Actualmente soy profesor investigador de la Universidad Simón Bolívar en Colombia y por más de dos años profesor catedrático de la Universidad Gabriela Mistral en Chile, espacios donde combino la enseñanza con la investigación aplicada.

Como Investigador Senior reconocido por Minciencias, he tenido el privilegio de liderar proyectos interdisciplinares que trascienden fronteras, colaborando con redes internacionales comprometidas con el desarrollo sostenible y la innovación educativa como RIIDESO y la Red de Investigación en Sostenibilidad. Mi rol como par académico del CNA me ha permitido contribuir activamente a la mejora de la calidad en la educación superior, evaluando programas y acompañando procesos institucionales con mirada crítica y constructiva. Cada proyecto ejecutado, ha sido una oportunidad para transformar realidades desde el conocimiento. Creo firmemente que la investigación contribuye a generar conciencia, inspirar acción y formar líderes con compromiso ético y visión humanista. Este libro es parte de ese propósito: una invitación a pensar, cuestionar y construir juntos futuros posibles.

Capítulo 1

Teorías y enfoques del comercio internacional

Objetivo de aprendizaje

Analizar críticamente las principales teorías y enfoques conceptuales del comercio internacional, comprendiendo su evolución histórica y su aplicabilidad en el contexto actual de las pymes.

Resultado de aprendizaje

Al finalizar el capítulo, el estudiante será capaz de identificar, comparar y aplicar los distintos enfoques teóricos del comercio internacional, evaluando su relevancia para la toma de decisiones estratégicas en procesos de internacionalización empresarial.

Introducción

Identificar los elementos que condicionan la actividad empresarial es fundamental para determinar las acciones que debe implementar la organización para contrarrestar los efectos del entorno en el que opera. Por ello es importante evaluar el macro ambiente para identificar tendencias y prever sucesos que pueden incidir en el desempeño de una organización. El éxito de un proceso de internacionalización es resultado de su capacidad para predecir las transformaciones de la dinámica mundial y adaptarse a las circunstancias (Salazar-Araujo, 2021). En concordancia con lo anterior se presenta un resumen de las principales teorías y enfoques que han guiado las políticas y estrategias de internacionalización de las empresas a lo largo de la historia.

1. Enfoque Clásico de los Negocios Internacionales

Adam Smith es reconocido por ser de los primeros investigadores en documentar la importancia del comercio internacional en el desarrollo económico de las naciones y es pionero en explicar desde una perspectiva científica las causas del desarrollo de la actividad empresarial a partir de elementos exógenos que facilitan la acumulación de capital. Smith considera el libre mercado como un elemento fundamental para lograr un entorno que favorezca la competitividad nacional, maximizando la prosperidad y afirmando a su vez que las naciones con un grado de avance aceptable en lo relativo a destreza y juicio en la aplicación del trabajo, han adoptado políticas muy distintas para su dirección y administración, destacando que no todos esos planes han sido igualmente favorables para incrementar la productividad.

En el mismo sentido, el autor considera que la división del trabajo constituye un eje fundamental en el incremento de la producción dentro de un contexto en el cual una mayor productividad es equivalente a mayor competitividad. Además, existe más posibilidad que el ser humano logre descubrir métodos eficaces para lograr sus objetivos en la medida que centre su atención hacia tales metas, en lugar de dispersarse en varios asuntos. Se tiene entonces que, al enfocarse en solo una meta, el individuo descubrirá formas simples para llevarla a cabo.

Dentro de sus planteamientos, Smith (1776) resalta la importancia de la educación en la consolidación de naciones productivas señalando que, a pesar de que el estado no obtuviese ventajas como producto de la educación de la población con escasos recursos económicos, debería procurar que no quedasen completamente sin instrucción. Sin embargo, el estado siempre obtendrá una ventaja considerable a partir de la inversión en educación, puesto que cuanto más instruida es una población será menos susceptible a ser manipulada por medio del fanatismo y la superstición que frecuentemente dan lugar a terribles perturbaciones entre las naciones ignorantes. Un pueblo educado e inteligente, además, siempre es más decente y ordenado que uno ignorante y estúpido.

A través de sus aportes Smith estableció las bases del pensamiento económico clásico sobre el comercio internacional argumentando que el crecimiento económico dependía de la especialización y la división del trabajo. La especialización ayudó a promover una mayor productividad esencial para alcanzar mejores indicadores en prosperidad y calidad de vida de la sociedad. Partiendo de los anteriores planteamientos (Ricardo, 1817) formula el principio de la ventaja comparativa, según el cual, los países mejoran fructificando sus activos para concentrarse en aquello que producen mejor intercambiando dichos productos con posterioridad, por aquellos que producen mejor otros países. De esta forma se establece la relación de comercio entre distintos países.

En resumen, la teoría clásica acogió como propio el principio "*laissez faire, laissez passer, le monde va de lui-même*", impulsando el modelo económico individualista y de liberalismo económico, que se consolidó durante la revolución industrial, considerando que las fuerzas del mercado eran el origen de la riqueza de las naciones. En otras palabras, la ley de oferta y demanda regula el proceso económico, de forma que, el uso racional de los recursos productivos fomentaba el máximo beneficio o utilidad, siendo el trabajo el factor capaz de generar valor económico.

2. Enfoque Neoclásico de los negocios Internacionales

En concordancia con la teoría clásica del comercio internacional, surge la teoría del equilibrio de factores, partiendo de los postulados de Smith (1776) y Ricardo (1817). Este enfoque propone que los países tienen la tendencia a producir y exportar bienes y servicios que demandan una gran cantidad de factores productivos disponibles en abundancia. Mientras que importaran aquellos que demandan grandes cantidades de factores productivos que pueden ser escasos (Heckscher & Ohlin, 1933). Además, toma en consideración trabajos previos de Weber, Walras, Pareto y Casel, incorporando los conceptos de localización, ventaja económica, equilibrio económico y costo de los factores de producción (Morgan & Katsikeas, 1997).

Aplicando los postulados de la teoría clásica del comercio internacional, (Heckscher & Ohlin (1933), debatieron el motivo por el que los precios varían entre un lugar y otro. Para ellos, el precio de los productos y de los factores productivos está determinado por la demanda y la probabilidad de producirlas en determinado momento y región. Tratando de explicar el fenómeno del comercio internacional, los autores señalan que, debido al intercambio internacional y a circunstancias de libre competencia, se da una tendencia reducir la brecha entre costos y precios de los elementos productivos, sin que esta brecha desaparezca. Por tal motivo Heckscher y Ohlin (1933) se enfocan en las características monetarias del comercio internacional acotando que la principal razón del intercambio de mercancías entre regiones o países corresponde a la diferencia de precios relativos y, por tanto, el comercio internacional está basado en los precios.

Concluyendo que los factores de la producción están distribuidos en forma desigual entre las regiones, agregando que la diferencia en la oferta de factores productivos entre zonas geográficas y económicas establecen la ubicación de las actividades productivas. De acuerdo con Heckscher y Ohlin, los territorios están caracterizados por disponer distintos factores de producción y, por lo tanto, al igual que en la especialización individual, esta diferencia en elementos de producción entre regiones o países lleva igualmente a la especialización al utilizar los recursos más abundantes, y por ende más económicos con el propósito de alcanzar una ventaja comparativa (Salgado, 2000), siendo el comercio internacional una transacción de factores abundantes por escasos, con lo cual, al darse las relaciones comerciales con libre movilidad de productos y factores, los elementos escasos tenderán a ser menos escasos y los abundantes menos abundantes.

3. Modelo de Industrialización por Sustitución de Importaciones

El modelo de Industrialización por Sustitución de Importaciones (ISI), surge en América Latina durante las décadas de 1950 y 1960, tras la crisis de los ideales liberales del pensamiento neoclásico. Sin embargo, este modelo tiene su origen en las ideas proteccionistas de la corriente de pensamiento económico mercantilista que surgió en Europa con la aparición de los estados modernos entre los siglos XVI y XVII, aunque esta corriente no conformó una escuela de pensamiento homogénea. Sus máximos exponentes como (Colbert, 1661) (Petty, 1769) y (Mun, 1975) eran mercaderes que escribían sobre sus intereses y su relación con la política económica, siendo la riqueza y el poder los objetivos comunes. En consecuencia, sus desarrollos más bien se pueden categorizar como observaciones empíricas y reflexiones teóricas de gran interés (De Roover, 1955).

El mercantilismo puede considerarse una de las primeras doctrinas de política económica que aborda la temática del comercio internacional, además origen del proteccionismo económico y la intervención estatal. Aunque sus supuestos eran muy elementales, pues asumían la riqueza como una cantidad fija, en el cual para que existiera una ganancia alguien debía perder. Esta corriente de pensamiento considera el comercio exterior como fuente de riqueza y poder asumiendo que la intención de la actividad económica es la producción y desde allí que se debía propiciar las exportaciones y minimizar las importaciones. Para ello se requería la mediación del estado en el proceso de sustituir importaciones y en estimular la producción, generación de aranceles para las fabricaciones externas e importación de materias primas a precios razonables (Guerrero-Marín, 2001).

Los mercantilistas se mostraban a favor de la reducción de los tipos de interés, de la utilización del aumento de la masa monetaria en relación con el aumento de las reservas de metales preciosos y de la protección comercial a través de aranceles elevados y restricciones a las importaciones. También, eran partidarios del aumento de la población con el fin de abaratar los costos de mano de obra. Su óptica de hombres de negocios los orientaba hacia un enfoque pragmático en el cual se fusionaban fines y medios, sostenían que al incrementarse la fabricación se acrecentaría el nivel de exportaciones, pero conservando bajo nivel de consumo doméstico y asumiendo los bajos salarios como factor de ventaja competitiva, ya que las remuneraciones sobre el grado de subsistencia minimizan el esfuerzo de la mano de obra y de horas de trabajo. De allí que la pobreza individual favorecería al país, debido a que la riqueza de la nación es distinta a la suma de las riquezas individuales con base a los instrumentos de la política comercial (Caseres-Ripoll, 2002).

El principal indicador de riqueza estaba determinado por la acumulación de metales preciosos, lo cual era posible únicamente si existía una balanza favorable capaz de captar metales para la nación justificando la importación cuando se tratará de materias primas. Entonces, la exportación de oro se consideraba un proceso controversial, excepto si se realizaba con el propósito de importar materias para productos de exportación (Torres-Gaitán, 2005). El modelo ISI retoma los planteamientos mercantilistas proponiendo un modelo de desarrollo económico a través del cual se logre reemplazar los productos importados por unos elaborados localmente a través de la imposición de diferentes medidas que obstaculicen la entrada de bienes extranjeros de tal forma que su importación no resulte atractiva.

Estos principios mercantilistas constituyeron la piedra angular sobre la cual se constituyó el modelo de industrialización sustitutiva de importaciones (ISI) en América Latina, el cual surge en una dinámica histórica tras el fracaso del orden liberal por causa de la ola globalizadora generada por el imperialismo moderno y las profundas crisis económicas del siglo XX, que confluirían en una fuerte depresión. Estos factores fueron determinantes para asumir al ISI como una opción objetiva para determinar el rol de la región en el contexto internacional.

El déficit que atravesaban los países del orden liberal en sus balanzas comerciales obligó a que varios países aplicaran medidas proteccionistas para preservar sus industrias. Las exportaciones predominantes en Latinoamérica estaban conformadas por productos del sector primario, principalmente agrícolas y minero energéticos, mientras que sus importaciones eran bienes industriales. Por tal motivo, las exportaciones más significativas de estos países presentaban precios relativos decrecientes ocasionando una caída de los términos de intercambio. Por esta razón el modelo ISI se extendió rápidamente en América Latina desde la crisis de 1929 hasta finales de la década de los 80.

La Comisión Económica para América Latina y el Caribe (CEPAL) trabajó de la mano de los gobiernos latinoamericanos para impulsar la aplicación del modelo ISI. Mientras esto ocurría, ciertos países de Asia se orientaron hacia la maximización de sus ventajas competitivas alcanzando gran crecimiento motivado por sus exportaciones, considerando un modelo de desarrollo hacia el exterior permitiéndoles fructificar las economías de escala y las ventajas comparativas de los países.

En cuanto a la política económica, el referido modelo de sustitución de importaciones estaba basado en controlar las exportaciones e importaciones en el control del estado en el mercado, la financiación a sectores relacionados con el modelo ISI, además de la participación del sector público en sectores prioritarios, lo cual implicó el ofrecer subsidios directos e indirectos a la manufactura, regular precios, subsidios a las tasas de interés y de cambios preferenciales en ciertas importaciones.

El modelo tenía como intención establecer una base interna que promoviera el crecimiento económico y la industrialización esperando que factores externos tuviesen un papel complementario, pues la baja movilidad del trabajo entre centro y periferia permite la reducción de los salarios relativos de los trabajadores del interior (Prebisch y Cabañas, 1949). Por tal razón (Singer p. 1968) justificaba la intrusión de los gobiernos en el movimiento del mercado restringiendo la entrada de productos extranjeros para la protección de la industria nacional, debido a que, para las economías en desarrollo, la libre competencia puede llegar a perjudicar los intereses del estado a través de la ventaja absoluta desplegada por los países desarrollados que acabarían extinguiendo la producción nacional.

Los efectos esperados por Prebisch (1950) y Singer (1950) al aplicar el modelo ISI fueron el incremento del empleo local, la disminución en la dependencia de los mercados extranjeros y de su volatilidad y la mejora en los términos de intercambio. Finalmente, el modelo proteccionista impulsado por la CEPAL originó una importante industria liviana con desarrollos en la fabricación de electrodomésticos, instrumentos eléctricos y ensamblajes de vehículos. Al mismo tiempo, se dio la diversificación de las exportaciones minimizando la dependencia del sector agrícola e incrementando la elaboración de otros bienes. Sin embargo, las fuerzas globalizantes presionaron la apertura de los mercados.

4. Modelo Upsala

Este modelo teórico sobre la internacionalización de las organizaciones se fundamenta en el trabajo de un grupo de investigadores escandinavos conocidos colectivamente como la Escuela de Uppsala. Johanson & Wiedersheim-Paul (1975) realizan un análisis del proceso de internacionalización de cuatro grandes multinacionales suecas identificando patrones de crecimiento comunes basados en una secuencia evolutiva a partir de la acumulación de conocimiento y experiencia en los mercados internacionales a lo largo del tiempo distinguiendo cuatro etapas dentro de este proceso, iniciando con empresas que no desarrollan ninguna actividad regular de exportación. Posteriormente, inician actividades de exportación a través de representantes o agentes independientes. Continúan establecimientos filiales en el extranjero. Finalmente, establecen fábricas o unidades de producción en el extranjero.

La representación del modelo Uppsala se puede apreciar en la siguiente ilustración.

Ilustración Teoría del desarrollo gradual de la internacionalización (Modelo Uppsala)

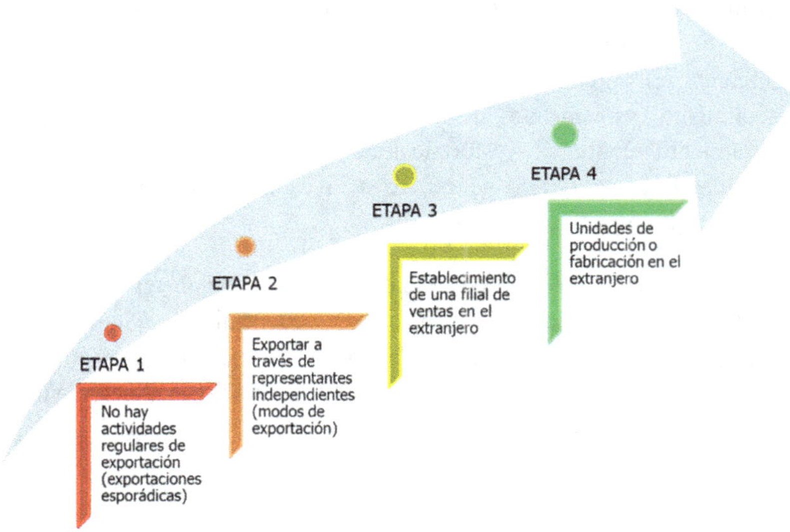

Fuente: Adaptación del modelo Uppsala. (Vahlne et al. 1975).

Posteriormente, Johanson y Vahlne (1977) profundizaron en este estudio de internacionalización gradual reafirmando los hallazgos y formulando un modelo dinámico de internacionalización indicando que la empresa avanza por el camino de la internacionalización en forma de pasos lógicos, basados en su adquisición gradual de experiencia y gestión del conocimiento. Por lo tanto, para estos autores la internacionalización se basa en el aprendizaje a través del desarrollo del conocimiento experiencial sobre los mercados extranjeros que se obtiene para reducir su distancia psíquica, entendida como el conjunto de diferencias culturales que enmarcan las necesidades y el comportamiento de consumo en los diferentes mercados, concepto que, para los autores, es subvalorado por otros enfoques teóricos.

Para el caso de economías emergentes, las empresas se internacionalizan para obtener ventajas competitivas a partir del aprendizaje obtenido de las operaciones en mercados extranjeros, (Mathews, 2006). Este modelo de internacionalización se sustenta en tres elementos, los cuales son:

- En primer lugar, el relacionamiento que hace referencia a la facilidad que tienen estas empresas para internacionalizarse a través de la colaboración con empresas extranjeras que operan tanto en el país de origen, como en el país de destino
- En segundo lugar, el apalancamiento, indicando que las condiciones de mercado del país de origen son las que presionan a las empresas para iniciar el proceso de internacionalización.
- Finalmente, el aprendizaje relacionado con la acumulación y empleo del conocimiento proveniente de las operaciones internacionales para el mejoramiento continuo y fortalecimiento de la posición competitiva. Torrecillas-Bautista (2015) se refiere a la estrategia de aprendizaje en el extranjero que siguen estas empresas.

En resumen, el modelo de Uppsala proporciona una explicación universal de cómo funciona la internacionalización en forma de etapas secuenciales durante su desarrollo temprano, que gradualmente facultarán a la empresa para penetrar nuevos mercados extranjeros, que inicialmente eran percibidos como de difícil acceso, incrementado así los recursos destinados a la internacionalización.

5. Modelo de la ventaja competitiva

En contraposición a los modelos expuestos anteriormente, Porter (1990) señala que el bienestar de un país no depende de sus dones naturales, sino que su competitividad es resultado de la capacidad de su industria para generar innovaciones. De acuerdo con el autor, el hecho de existir diferencia en valores, estructuras económicas, organismos e historias nacionales, permite alcanzar mejor desempeño. Además, señala que la estructura de la industria crece a partir de un conjunto de características económicas y tecnológicas que determinan la fuerza competitiva, siendo la productividad el indicador más apropiado para medir la competitividad nacional, entendida como la habilidad de las empresas para aprender en forma permanente mejorando la calidad de sus productos y servicios, siendo más eficientes.

Este autor considera que las actividades de comercio internacional contribuyen a incrementar la productividad de un país, facilitando su especialización en aquellos sectores e industrias donde sus empresas son más productivas, reconociendo, además, que el comercio internacional puede ser un factor de amenaza en el incremento de la productividad de la industria nacional, dado que está a expensa de los estándares internacionales. Seguidamente Porter (2011) resalta cuatro atributos, los cuales considera factores determinantes de la competitividad nacional, capaces de generar un entorno apropiado en el cual se dan las condiciones requeridas para que las empresas desarrollen ventajas competitivas. Estos elementos se presentan la siguiente tabla.

Tabla 1. Determinantes de la competitividad nacional según Porter

Atributo	Descripción
1. Condiciones de los factores	Hace referencia al entorno en el que intervienen los factores productivos de las empresas, es decir, a cosas como la dotación de recursos, la mano de obra, la infraestructura especializada o la base científica que sustenta la idea comercial.
2. Condiciones de la demanda	Considera que la naturaleza de la demanda por el producto o el servicio ofrecido por la industria en su mercado de origen es un factor determinante en la competitividad nacional cuando existe un grupo de consumidores exigentes y bien informados. Las empresas de ese sector deberán esforzarse para satisfacer esa demanda y estarán obligadas a innovar.
3. Industrias relacionadas y de apoyo	La presencia en la nación de industrias proveedoras y otras industrias relacionadas que sean competitivas internacionalmente generan ventajas en la industria secundaria, pues estas entregan los insumos más económicos de modo eficiente, oportuno, rápido y a veces preferencial, al tiempo que el flujo de información y el intercambio técnico con estas industrias aceleran el ritmo de innovación y mejoramiento.
4. Estrategias, estructura y rivalidad de las firmas	La presencia de rivales locales fuertes es un estímulo poderoso y terminante para la creación y conservación de la ventaja competitiva.

Fuente: Resumen adaptado de Modelo de Porter. (2011).

Finalmente, Porter (1990) establece ciertos principios fundamentales que los gobiernos pueden acoger para promover la competitividad en su país, siendo estos:

- Orientarse en la creación de elementos especializados.
- Impedir la participación en los mercados de factores y monedas.
- Asignar modelos precisos de productos, seguridad y medio ambiente.
- Limitar la cooperación directa entre competidores de una industria.
- Originar políticas conducentes a una inversión sostenida.
- Fijar fuertes regulaciones al monopolio, al tiempo que se fomente la competencia libre competencia.

Además, Porter atribuye importancia al azar, entendido como aquellos eventos imprevistos capaces alterar el equilibrio, anulando o potenciando las ventajas competitivas de los diferentes actores, generando súbitamente asimetrías en el mercado.

6. Teoría de la Asimetría Informativa

Desde la perspectiva económica neoclásica, los mercados se auto regulan, alcanzando así la eficiencia. Sin embargo, Stiglitz (2002) sostiene que esta condición solo es posible bajo una serie de circunstancias muy específicas, en la cual todos los actores del mercado tienen a su disposición la misma información. No obstante, la información es imperfecta, lo que el autor denomina asimetría informativa. En consecuencia, el estado debe intervenir el mercado para asegurar que funcione de tal forma que todos los participantes disfruten de igualdad de oportunidades de obtener los resultados deseados, puesto que solo a través la transparencia informativa puede alcanzarse la asignación eficiente de los recursos, garantizar la información de calidad y al alcance de todos permite acrecentar la intervención de la ciudadanía en los mercados globales.

La asimetría informativa también tiene efectos en el comercio internacional, puesto que aquellos países que han acumulado mayor conocimiento tienen hoy mayores niveles de desarrollo, siendo más productivos y competitivos en los mercados internacionales, acumulando continuamente capital gracias al superávit comercial producto de sus exportaciones, beneficiándose así del empobrecimiento de los estados con déficit comercial. Por ello, Stiglitz (2006) aboga para que los países más desarrollados eliminen barreras al comercio hacia los países en desarrollo, poniendo fin a los aranceles y a las cuotas a la importación para las naciones que no han alcanzado el pleno desarrollo. Igualmente, defiende una estrecha vigilancia de los déficits comerciales.

La economía global, el libre mercado y las políticas neoliberales promovidas por organismos multilaterales como el Banco Mundial y el Fondo Monetario Internacional han contribuido a incrementar las brechas entre ricos y pobres (Stiglitz, 2017) reconociendo a su vez que el proceso de globalización es irreversible. Por lo tanto, es necesario buscar nuevos mecanismos y estrategias para que el modelo de globalización económica pueda funcionar.

Partiendo de la evolución del modelo capitalista, cuya doctrina fundamentada en los mercados ha sido génesis de sociedades bastante diferentes entre sí, evidenciándose que no existe una receta única para alcanzar niveles óptimos de desarrollo, de tal forma que el fortalecimiento de los procesos democráticos es un mecanismo clave en la toma de decisiones para el soporte de las políticas de estado.

La democracia tiene un rol preponderante en la búsqueda de opciones para el desarrollo económico de una nación. De esta forma, entre las alternativas que debe tomar en cuenta una sociedad en democracia, es el papel del Estado, como ente que garantiza el equilibrio entre intereses económicos y sociales. En opinión de Stiglitz (2012) existen ocho grandes inconvenientes del modelo económico global que deben solucionarse para que este pueda funcionar. Estos son:

- En primer lugar, debe procurarse un proceso comercial internacional equitativo en teoría y en práctica.
- Además, debe adecuarse el régimen vigente de propiedad intelectual de forma tal que lo tecnológico e innovativo estén en correspondencia a la justicia social.
- Igualmente, establecer mecanismos efectivos para luchar contra la corrupción calificada como la base de la pobreza y la inequidad social, debido a que desvía los recursos públicos en favor de los intereses de una minoría
- También, adoptar medidas que conlleven al desarrollo sostenible a través de la distribución de estímulos y castigos, para controlar los efectos de los actuales sistemas de producción en el planeta.
- Asimismo, lograr que las multinacionales tengan poder limitado responsabilizándose ante su entorno.
- Reducir principalmente la deuda externa de los países en vías de desarrollo.
- Establecer los procedimientos necesarios para impedir las consecuencias de las crisis en las balanzas de pagos, reformando el sistema internacional de reservas

- Finalmente, abarcar los aspectos democráticos de la globalización erradicando la desigualdad presente a través de un contrato social global entre países desarrollados y no desarrollados.

7. Teoría de los Nacidos Globales

En años recientes, un grupo de empresas caracterizada por un proceso de internacionalización acelerado ha conseguido revalidar algunos paradigmas prexistentes en este campo del saber. Este grupo de empresas conocidas como "*Born-Global*" o nacidos globales obtienen una parte sustancial de sus ingresos totales a partir de ventas en los mercados internacionales desde su fundación o en una etapa temprana de su ciclo de vida (Rennie, 1993).

Los nacidos globales surgen como resultado de los avances en las tecnologías de la información, la producción y las comunicaciones que inicia en la década de los años 90 y que han continuado creciendo exponencialmente hasta la actualidad, sin poder predecirse aún el momento en que se alcanzará el límite. Este proceso ha tenido un impacto positivo en la eficiencia empresarial al tiempo que ha reducido los costos asociados a las negociaciones internacionales, facilitando así el surgimiento generalizado de empresas nacidas globales alrededor del mundo (Oviatt y McDougall, 1995).

Los procesos organizacionales desarrollados por estas empresas dependen en gran medida de los *tics*, apoyándose en diversas herramientas tecnológicas para la gestión para lograr sus objetivos internacionales. Estas tecnologías permiten comunicaciones globales de bajo costo y la adquisición de datos de mercado y otros datos de todo el mundo. Esto contribuye a la orientación internacional de estas compañías a partir de la innovación tecnológica, empleando estrategias genéricas de diferenciación, enfoque y liderazgo en costos (Zahra, Ireland, y Hitt, 2000).

A la luz de estos acontecimientos, aspectos como el tamaño de la organización, las limitaciones en la disponibilidad de recursos y la disponibilidad de información del mercado ya no constituyen fuertes barreras para una participación significativa en los mercados internacionales, incluso los nacidos globales tienden a tener estructuras organizacionales más planas y flexibles que las empresas tradicionales. Por lo tanto, el entorno actual ofrece un contexto más favorable para la internacionalización de las pymes (Knight y Cavusgil, 2005).

Para finalizar este apartado, se relacionan en orden cronológico en la tabla 2, algunos de los autores de mayor relevancia que han abordado la problemática de la internacionalización de las empresas sintetizando sus aportes a la teoría de la internacionalización de las empresas desde diferentes enfoques. Estos desarrollos teóricos se suman a los abordados anteriormente y se analizaran con mayor amplitud durante el transcurso de la investigación.

Tabla 2. Principales enfoques teóricos relacionados con la internacionalización de las empresas

Enfoques teóricos	Principales Paradigmas	Autores Representativos
Teoría Clásica del Comercio Internacional	Liberalismo económico. Ventaja absoluta. Ventaja comparativa.	(Smith, 1776) (Ricardo, 1817)
Teoría del equilibrio de factores	Especialización de la producción. Economías de escala.	(Heckscher & Ohlin, 1933)
Industrialización por Sustitución de Importaciones (ISI)	Parten de los postulados pragmáticos del mercantilismo. Imposición de barreras comerciales. Incentivos a la producción local. Intervención del estado en el mercado.	(Prebisch & Cabañas, 1949) (Myrdal, 1968) (Singer p. 1968)
Teoría del ciclo de vida	Desarrollo de fortalezas en un sector industrial. Inicio de las exportaciones. La producción extranjera se vuelve competitiva en los mercados de exportación. La competencia de importación emerge en el mercado interno del país.	(Wells, 1968) (Jensen & Thursby, 1986) (Vernon, 1992)
Teoría de las imperfecciones del mercado	La internacionalización se fundamenta en el reconocimiento de las imperfecciones del mercado. La decisión de invertir en mercados externos es una decisión estratégica. La empresa busca capitalizar ciertas capacidades no compartidas por competidores en países extranjeros.	(Hymer, 1972) (Buckley, 1976) (Buckley & Casson, 1998)
Teoría del desarrollo gradual de la internacionalización (Modelo Uppsala)	La empresa empieza por primera vez en el mercado doméstico y el proceso de internalización se da por etapas o fases, las cuales están en función al grado de acumulación de conocimientos.	(Johanson & Wiedersheim-Paul, The internationalization of the firm: Four

	Las empresas eligen los mercados en los cuales existe una menor distancia psíquica.	Swedish cases., 1975) (Johanson & Vahlne, 1977) (Leonidou & Katsikeas, 1996)
Teoría de la producción internacional	La propensión de una empresa a iniciar la producción extranjera dependerá de las atracciones específicas de su país de origen en comparación con las implicaciones de recursos y las ventajas de ubicarse en otro país.	(Dunning, 1980) (Fayerweather, 1982) (Weder, 1996) (Dunning, 2014) (Peng, 2010)
Teoría de la ventaja competitiva	Las diferencias en valores, culturas, estructuras económicas, instituciones e historias nacionales contribuyen al éxito competitivo. Cuatro factores inciden en la competitividad del sector industrial. Condiciones de los factores. Condiciones de la demanda, industrias conexas y de apoyo y estrategia estructura y rivalidad de los competidores. La base local es el país donde se crean y se sostienen las ventajas competitivas esenciales de la empresa.	(Porter, 1990)
Teoría evolutiva del crecimiento de la empresa	Las empresas compiten sobre la base del know-how, dado por la superioridad de su información y conocimiento y por sus capacidades para desarrollar nuevos conocimientos.	(Kogut & Zander, 1993) (Canals J. 1994)
Teoría de la asimetría Informativa	Los mercados son imperfectos. La asimetría informativa también tiene efectos en los mercados y en el comercio internacional. El estado juega un papel importante en el equilibrio entre los intereses económicos y sociales. Por lo tanto, se justifica su intervención en el mercado. Existe la tendencia de relocalización de fábricas en países con incentivos fiscales, mano de obra barata y alta especialización.	(Chonchol, 1998) (Stiglitz., 2002) (Maseland & De Vaal, 2002) (Friedman, 2005) (Ruben, 2008) e (Stiglitz J. 2017)

	Llevar a la práctica el comercio justo y equilibrado.	
Teoría de los nacidos globales	Marcada tendencia de las pymes de acceder a mercados internacionales prácticamente desde su nacimiento. Aceleración del proceso de internacionalización. El aplanamiento obliga a las empresas a competir en un mercado global.	(Bell, McNaughton, & Young, 2001), (Knight & Cavusgil, 2005)

Tomando en consideración los paradigmas dominantes previamente analizados que han surgido para explicar el fenómeno de internacionalización empresarial, estos pueden ser categorizados en dos vertientes. Estas son:

- Algunos autores abordan la problemática desde una perspectiva extrínseca atribuyendo el existo de la inserción de las empresas en mercados internacionales a factores externos, tales como la competitividad del mercado, la disponibilidad de factores productivos, el entorno político y económico empresarial.
- Otros intentan explicar el fenómeno de la internacionalización de las empresas con una visión intrínseca, considerando como el determinante de la expansión de las empresas hacia mercados internacionales factores internos, tales como el conocimiento acumulado, el desarrollo de fortalezas en un sector industrial, los recursos y capacidades organizacionales entre otros. Este estudio aborda la problemática con una visión holística, demostrando que la complejidad del fenómeno de inserción de las empresas en el mercado global requiere un enfoque integral que tome en consideración tanto los factores externos como los factores internos.

Conceptos Clave

Término	Definición
Ventaja comparativa	Capacidad de un país para producir un bien a un costo de oportunidad menor que otro país.
Libre comercio	Sistema económico que promueve el intercambio de bienes y servicios sin restricciones arancelarias ni barreras.
Proteccionismo	Política económica que busca proteger la industria nacional mediante aranceles y restricciones a las importaciones.
Factores de producción	Recursos utilizados en la producción de bienes y servicios: tierra, trabajo, capital y tecnología.
Especialización	Enfoque de producción en el que un país o empresa se concentra en un área específica para aumentar la eficiencia.
Modelo ISI	Estrategia de desarrollo económico basada en sustituir importaciones por producción nacional.
Distancia psíquica	Diferencias culturales, lingüísticas y de comportamiento entre países que afectan la internacionalización.
Ventaja competitiva	Característica que permite a una empresa superar a sus competidores en el mercado.
Asimetría informativa	Situación en la que una de las partes en una transacción posee más información que la otra.
Born Global	Empresa que desde sus inicios opera en mercados internacionales, sin pasar por un proceso gradual de expansión.

Referencias bibliográficas

- Alonso, J. Donoso, V. (1998). Competir en el exterior: la empresa española y los mercados internacionales. Instituto Español de Comercio Exterior.
- Andersen, O. (1993). On the internationalisation process of firms: a critical analysis". Journal of In-ternational Business Studies.

- Bell, J. McNaughton, R. Young, S. (2001). 'Born-again global'firms: An extension to the 'born global'phenomenon. Journal of international management.
- Buckley, P. (1976). The Future of the Multinational Enterprise. Macmillan.
- Buckley, P. Casson, M. (1998). Analyzing foreign market entry strategies: Extending the internalization approach. Journal of international business studies.
- Canals, J. (1994). La internacionalización de la empresa. Cómo evaluar la penetración en mercados exteriores. McGraw-Hill.
- Canals, J. (2000). Crecimiento empresarial: personas y tecnología en la nueva economía. Revista empresa y humanismo.
- Caseres-Ripoll, J. (2002). El pensamiento en la política económica. Madrid.
- Chonchol, J. (1998). Impacto de la globalización en las sociedades latinoamericanas: ¿que hacer frente a ello?
- Colbert, J. (1661). Mémoire de Jean-Baptiste Colbert touchant le commerce avec l'Angleterre. Collections numériques de la Sorbonne.
- De Roover, R. (1955). Scholastic economics: survival and lasting influence from the sixteenth century to Adam Smith. The Quarterly Journal of Economics.
- Dunning, J. (1980). Toward an eclectic theory of international production: Some empirical tests. Journal of international business studies.
- Dunning, J. (2014). Explaining International Production (Vol. 9). Routledge.
- Fayerweather, J. (1982). International business strategy and administration. Ballinger Publishing Company.
- Friedman, T. (2005). The world is flat: A brief. Macmillan.
- Guerrero-Marín, M. (2001). Historia del pensamiento económico. Obtenido de: https://www.gestiopolis.com/historia-pensamiento-economico/
- Heckscher, E. Ohlin, B. (1933). Interregional and international trade. Cambridge: Harvard University Press.
- Hymer, S. (1972). The internationalization of capital. Journal of economic issues.
- Jensen, R. Thursby, M. (1986). A strategic approach to the product life cycle. Journal of International Economics.
- Johanson, J. Wiedersheim-Paul, F. (1975). The internationalization of the firm: Four Swedish cases. Journal of management studies.
- Johanson, J. Vahlne, J. (1977). The internationalization process of the firm—a model of knowledge development and increasing foreign market commitments. Journal of international business studies.

- Johanson, J. Wiedershein, P. (1975). The internationalisation of the firm -four Swedish cases. Journal of Management Studies.
- Knight, G. Cavusgil, S. (2005). The Taxonomy of Born-global Firms. MIR: Management International Review.
- Knight, G. Cavusgil, S. (2005). A taxonomy of born-global firms. MIR: Management International Review.
- Kogut, B. Zander, U. (1993). Knowledge of the firm and the evolutionary theory of the multinational corporation. Journal of international business studies.
- Leonidou, L. Katsikeas, C. (1996). The export development process: an integrative review of empirical models. Journal of international business studies.
- Maseland, R. De Vaal, A. (2002). How fair is fair trade? The Economist.
- Mathews, J. (2006). Dragon multinationals: new players in 21 st century globalization. Asia Pacific journal of management.
- Morgan, D. Katsikeas, C. (1997). Theories of international trade, foreign direct investment and firm internationalization: a critique. Management Decision.
- Mun, T. (1975). England's Treasure by Foreign Trade: Or the Balance of Our Foreign Trade is the Rule of Our Treasure. R. and A. Foulis.
- Myrdal, G. (1968). Teoría económica y regiones subdesarrolladas. Fondo de Cultura Económica.
- Oviatt, B. McDougall, P. (1995). Global Start-ups: Entrepreneurs on a Worldwide Stage. Academy of Management Executive.
- Peng, M. (2010). Estrategia Global. Cenage Learning.
- Petty, W. (1769). A treatise of taxes and contributions. London: Brooke.
- Porter, M. (1990). The competitive advantage of nations. Harvard Business Review.
- Porter, M. (2008). On competition. Harvard Business Press.
- Porter, M. (2011). Competitive advantage of nations: creating and sustaining superior performance. Simon and Schuster.
- Prebisch, R. (1950). El desarrollo económico de América Latina y sus principales problemas. Boletín Económico para América Latina.
- Prebisch, R. Cabañas, G. (1949). El desarrollo económico de la América Latina y algunos de sus principales problemas. El trimestre económico.
- Rennie, M. (1993). Born Global. McKinsey Quarterly.
- Ricardo, D. (1817). Principles of Political Economy and Taxation. Londres.
- Ruben, R. (2008). The impact of fair trade. Wageningen Academic Publishers.

- Salazar-Araujo E. (2022), Internacionalización de Pymes, La inserción de PYMES manufactureras del departamento del Atlántico en los mercados Internacionales. ESEADE.
- Salgado, A. (2000). Aspectos fundamentales del Comercio Internacional, un enfoque heterodoxo. México: Instituto Politécnico Nacional.
- Singer, H. (1950). U.S. Foreign Investment in Underdeveloped Areas: The Distribution of Gains Between Investing and Borrowing Countries. American Economic Review.
- Singer, P. (1968). Economía política de la urbanización. Siglo XXI.
- Smith, A. (1776). La riqueza de las naciones. Alianza.
- Stiglitz, J. (2006). Cómo hacer que la globalización funcione. Editorial Taurus.
- Stiglitz, J. (2012). The price of inequality: How today's divided society endangers our future. WW Norton & Company.
- Stiglitz, J. (2017). The overselling of globalization. Business Economics.
- Stiglitz, J. Greenwald, B. (2015). La creación de una sociedad del aprendizaje. Ediciones Culturales Paidós.
- Stiglitz., J. (2002). La información y el cambio en el paradigma de la ciencia económica. RAE: Revista Asturiana de Economía.
- Torrecillas-Bautista, C. (2015). Nuevas empresas multinacionales. Una revisión teórica. Revista de Estudios Empresariales.
- Torres-Gaitan, R. (2005). Teoría del comercio internacional". Siglo XXI.
- Vernon, R. (1992). International investment and international trade in the product cycle. International economic policies and their theoretical foundations.
- Weder, R. (1996). How domestic demand shapes the pattern of international trade. World Economy.
- Wells, L. (1968). A product life cycle for international trade. Journal of Marketing.
- Zahra, S. Ireland, R. Hitt, M. (2000). International Expansion by New Venture Firms: International Diversity, Mode of Market Entry, Technological Learning, and Performance. Academy of Ma nagement Journal.

Capítulo 2

Entorno de los negocios internacionales

Objetivo de aprendizaje

Evaluar los factores del macroentorno que influyen en la toma de decisiones estratégicas de las empresas en contextos internacionales, utilizando herramientas de análisis como el modelo PESTEL.

Resultado de aprendizaje

Al finalizar el capítulo, el estudiante será capaz de identificar y analizar los componentes del entorno político, económico, sociocultural, tecnológico, ecológico y legal, aplicando el análisis PESTEL para valorar oportunidades y amenazas en mercados internacionales.

Introducción

Conocer ampliamente todos los factores que rodean a la empresa es fundamental para desarrollar un análisis de mercado confiable. Al analizar el macroentorno en el que opera o piensa operar una empresa es importante identificar los factores que podrían afectar a un número importante de variables vitales que pueden influir en los niveles de oferta y demanda y en los costos de la empresa. Cualquier decisión empresarial que se toma dentro de una compañía depende del contexto en que se desenvuelve, es decir, de su entorno, el cual presenta las siguientes características:

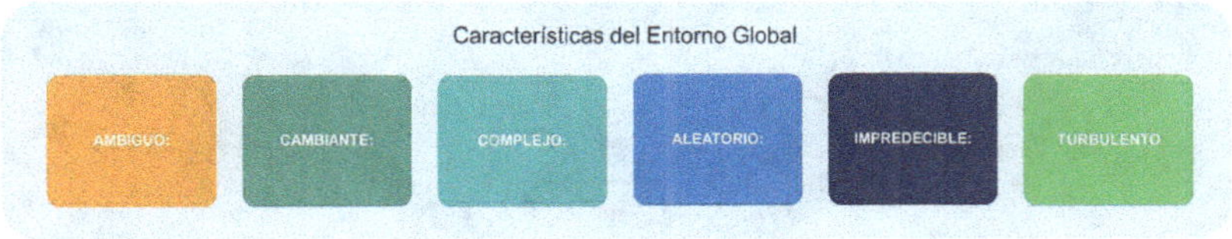

Existen muchos factores que están fuera del control organizacional, los cuales afectan directamente a la empresa, de allí la importancia de analizar el entorno permitiendo valorar el riesgo para orientar el proceso de toma de decisiones racionales. Para ello se han desarrollado diversas herramientas de planificación estratégica, que permiten establecer modelos de gestión prospectivos que determinan escenarios probables que pueden impactar las operaciones de una empresa, siendo uno de los más empleados el análisis PESTEL, el que se explica a continuación en el presente documento.

1. El análisis Pestel

El Análisis PESTEL es una herramienta de análisis estratégico empleada para clasificar varios factores del macroentorno. Este análisis permite examinar el impacto en la empresa de cada uno de esos factores y establecer la interrelación que existe entre ellos. Los resultados que produce se pueden emplear para aprovechar las oportunidades que ofrece el entorno y para hacer planes de contingencia para enfrentar las amenazas cuando estamos preparando los planes estratégicos y el plan de negocios.

Las fuerzas del macroentorno están conformadas por factores políticos, económicos, sociales, tecnológicos, ecológicos y legales que influyen en las operaciones de la organización y sobre los cuales la empresa no tiene control directo. Estos factores constituyen el marco de referencia para la valoración del análisis externo. ESTEL es un acrónimo y las letras que componen estos factores del macroentorno.

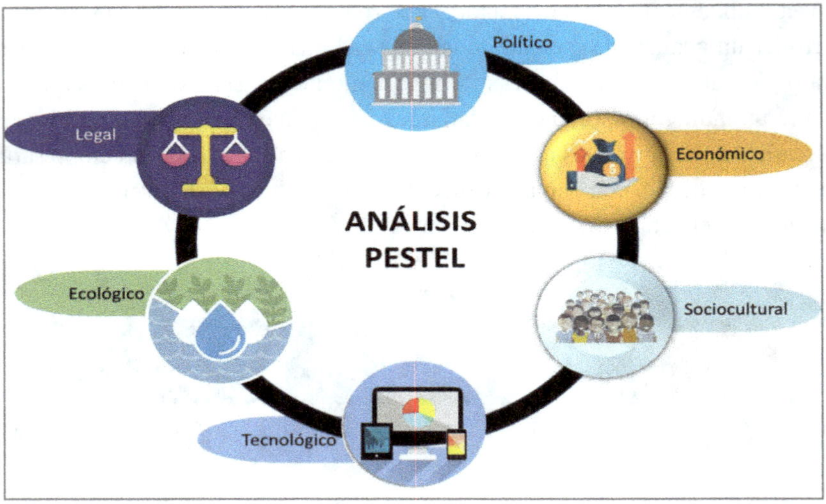

El Análisis PESTEL se enfoca en las fuerzas externas que afectan la empresa y generalmente es más útil cuando se usan de manera conjunta con otras herramientas de planificación como son el Análisis FODA, el modelo de las Cinco Fuerzas del mercado (Porter, 1995) de Porter o la matriz de riesgos de *Mckinsey* (1990). El Análisis FODA, por ejemplo, se emplea para evaluar una unidad de negocios, una propuesta o una idea desde el punto de vista del entorno externo e interno, mientras que el Análisis PESTEL se usa principalmente para evaluar un mercado y el potencial de un mercado, indicando específicamente si está creciendo o declinando, su atractivo y la conveniencia o no de acceder a él.

Cuando se va a hacer un análisis PESTEL es esencial determinar con claridad que aspectos del mercado se van a evaluar y con qué propósito, de tal manera que facilite seleccionar y examinar las variables dentro de cada uno de los factores externos.

Un análisis PESTEL se puede efectuar para evaluar las siguientes variables:

- El mercado en el que opera la empresa.
- El mercado de un producto existente.
- Una marca con relación a su mercado.
- Una unidad de negocios en un mercado local.
- Una opción estratégica (Ejemplo: entrar a un nuevo mercado).
- La posible adquisición de otra empresa.
- Una propuesta de alianza o *Joint Venture.*
- Una oportunidad de inversión.

El Análisis PESTEL debe realizarse primero que el FODA, dado que ayuda a identificar los factores externos (Amenazas y Oportunidades), aunque cada una de estas herramientas los analiza desde una perspectiva distinta.

2. Entorno político

El primer elemento del Análisis PESTEL que debemos estudiar es el constituido por los factores políticos. Las diferencias políticas entre los distintos países tienen un efecto profundo en los beneficios, costos y riesgos de comerciar en diversos países, la manera de gestionar las operaciones y la estrategia que deben seguir las empresas internacionales en cada nación. Estudios recientes destacan que el resurgimiento del poder político ha incrementado su influencia sobre las decisiones empresariales globales, haciendo del análisis político un componente esencial en la estrategia internacional (Meyer & Peng, 2023).

Cuando estamos considerando los factores políticos, es necesario comprender el sistema político a través del cual se rigen los diferentes mercados, entendido como el sistema de gobierno de una nación y conformado por un conjunto de grupos y procesos interdependientes, que interactúan en un entorno histórico y cultural que se expresa en las prácticas, hábitos, rituales y reglas no escritas que organizan el ejercicio del poder entre los diferentes actores.

De acuerdo con Bobbio (2002) un sistema político no se aborda a la totalidad de fenómenos vinculados al adjetivo "político" sino a la generalidad del fenómeno, considerando los siguientes aspectos:

1. Los espacios donde se forman las decisiones que guían a una comunidad política.
2. Los fenómenos sociales trascendentes en la conformación del poder político.
3. Las relaciones de entradas (*input*), salidas (*output*) y retroalimentación (*feedback*) entre la clase política y su lucha por el poder.
4. Los procesos y subprocesos políticos interactuantes y dependientes entre sí por medio de reglas.
5. La movilidad de las reglas siempre sujetas a cambios y externalidades que las van modificando en el tiempo.

Se debe evaluar el impacto de todo cambio político o legislativo que pueda afectar los negocios de la empresa. Si se opera en varios países, es necesario aplicar el análisis a cada uno de ellos y al bloque político o comercial de naciones al que pertenecen.

Los factores políticos incluyen la evaluación de aspectos, tales como:

Situación política	Incluye la estabilidad de un gobierno, el clima político, el nivel de nacionalismo, el riesgo económico en aspectos como el control del tipo de cambio, los impuestos y los precios, así como el nivel de fomento a la inversión extranjera, el manejo de asuntos externos, etcétera.
Estabilidad nacional	Para estimar la estabilidad nacional podrá observarse el grado de gobernabilidad, si hay levantamientos, secuestros y asesinatos, factores que contribuyen a la posible inestabilidad social y política, además del nivel de frustración de los habitantes.
Clima político	Para ello se debe observar si existe independencia de poderes, así como la cantidad de partidos políticos, si el país de interés está dominado por uno de ellos o existe un equilibrio entre varios

	actores, así como los posibles cambios en la orientación política de cada país.
Clima económico	El sistema político moldea el sistema económico y legal de un estado, por eso se debe comprender la influencia de la política en los resultados económicos de un país considerando aspectos relacionados con el producto interno bruto (PIB), el producto nacional bruto (PNB), la inflación y la deuda externa de un país. Estos factores permiten entender el riesgo económico posible de un mercado extranjero.
Manejo de asuntos externos	En este aspecto se analizan las alianzas políticas internacionales, así como la existencia de conflictos externos reales o latentes. En ocasiones tienden a expulsar a los representantes diplomáticos de ciertas naciones a causa de los conflictos en sus relaciones.

Otro aspecto para evaluar está relacionado con la forma de gobierno y para ello deben considerarse los siguientes sistemas:

Sistemas totalitarios	**Sistemas democráticos**
El totalitarismo es una forma de gobierno en la que una persona o partido político ejerce el control absoluto sobre todas las esferas de la vida humana y prohíbe los partidos políticos de oposición. En los Estados totalitarios, la represión política está generalizada, no hay elecciones libres y justas, los medios están muy censurados y quienes ponen en duda el derecho al poder de los gobernantes serán castigados severamente.	La democracia es el sistema político en el que el gobierno es del pueblo, que lo ejerce directamente o a través de representantes elegidos. Se basa en el concepto de que los ciudadanos deben participar directamente en la toma de decisiones. Un sistema democrático en el que el poder emane del pueblo se debe caracterizar por: ▪ Libertad de prensa y libertad de expresión. ▪ Garantista con las libertades individuales. ▪ Libertad de reunión y asociación. ▪ Sufragio universal.

3. Entorno económico

El segundo elemento del análisis PESTEL implica el estudio de los factores económicos. Los factores políticos no operan en el vacío y las decisiones de política pública tienen implicaciones económicas. Todas las empresas se ven afectadas por factores económicos del orden nacional, internacional o global.

Según investigaciones recientes, los factores económicos como la inflación, el tipo de cambio y la deuda pública siguen siendo determinantes clave en la evaluación del riesgo país y la viabilidad de inversión extranjera directa (García & López, 2023). Comprender el sistema económico predominante en un país es fundamental para definir el atractivo del mercado. El sistema económico es un mecanismo que organiza la producción, distribución y consumo, compuesta por principios, reglas, procedimientos e instituciones encaminados a generar bienestar a una sociedad particular.

Los sistemas económicos pueden clasificarse de la siguiente manera:

a.- Economías de mercado

Todas las actividades productivas pertenecen a empresas privadas en lugar de pertenecer al estado. Nadie planifica los bienes y servicios que produce un país, la oferta y la demanda determinan la producción. Los hábitos de compra de la gente determinan que se produce y en qué cantidad, en una economía de mercado no existen restricciones a la oferta. El gobierno debe fomentar la libre competencia a fin de controlar la aparición de monopolios.

b.- Economía planificada

El gobierno determina los bienes y servicios que produce un país, así como sus volúmenes y precios, su objetivo es que el estado distribuya los recursos para el bien de la sociedad. Todas las empresas pertenecen al estado argumentando que el gobierno puede ordenarles que inviertan de la manera más conveniente para los intereses de la nación.

Ejemplos de estas economías se encontraban en los países comunistas donde las metas colectivas tenían prioridad sobre las individuales. Estas economías se han reducido drásticamente en las últimas décadas.

Otro aspecto fundamental para evaluar en el atractivo económico de un mercado está relacionado con la estabilidad financiera. Es así como el conocimiento de las finanzas internacionales ayuda de dos maneras muy importantes. Primero, a decidir la manera en que los eventos internacionales afectarán a una empresa y cuáles son los pasos que pueden tomarse para explotar los desarrollos positivos para aislar a la empresa de los dañinos. Entre los eventos que afectan a las empresas se encuentran la variación de los tipos de cambio, así como en las tasas de interés, en las tasas de inflación y en los valores de los activos.

La estabilidad financiera se caracteriza por:

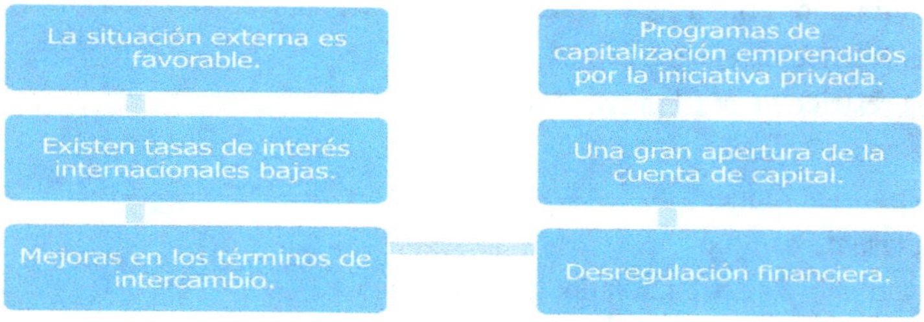

Lo opuesto a la estabilidad es la crisis financiera. Se da dentro de la crisis económica del capitalismo y se manifiesta en que el sistema financiero del país tiene problemas para realizar sus funciones, las finanzas tanto públicas como privadas entran en un periodo de turbulencia. Así las empresas tienen dificultades para obtener financiamientos y existen problemas para pagar la deuda interna y externa contratada con anterioridad. En este tipo de crisis muchos recursos financieros se dedican a la especulación con lo que se descuida el aparato productivo.

La situación financiera guarda relación directa con el comportamiento, la confianza del consumidor y su poder adquisitivo. Estos aspectos estarán relacionados con la etapa del ciclo económico en el que se encuentre el mercado: auge, recesión, estancamiento o recuperación. Los factores económicos afectan el poder de compra de los clientes potenciales y el costo del capital para las empresas.

Los siguientes son ejemplos de los aspectos económicos que podríamos considerar para el análisis:

- La etapa del ciclo económico.
- Las tasas impositivas.
- Las tasas de interés.
- Los niveles de inflación.
- Las tasas de crecimiento económico actuales y potenciales.
- Los niveles de deuda y ahorro.
- El nivel de confianza del consumidor.
- La disponibilidad de mano de obra calificada.
- Los costos de las materias primas
- La calificación riesgo-país.

- La disponibilidad de recursos energéticos.
- La situación de la balanza de pagos.
- La accesibilidad de los extranjeros al mercado interno de capitales.
- La confiabilidad del país como socio comercial.
- Los tratados comerciales internacionales vigentes.
- Las restricciones cambiarias.
- Las restricciones a la inversión extranjera.
- Las tasas de empleo.
- La política monetaria.
- La tasa de cambio.
- El tamaño y distribución del gasto público.
- Los índices de precios.

4. Entrono sociocultural

El tercer aspecto del análisis PESTEL se enfoca en las fuerzas que actúan dentro de la sociedad y que afectan las actitudes, intereses y opiniones de la gente e influyen en sus decisiones de compra. Los factores sociales varían de un país a otro e incluyen aspectos tan diversos tales como, las religiones dominantes, las actitudes hacia los productos y servicios extranjeros, el impacto del idioma en la difusión de los productos en los mercados, el tiempo que la población dedica a la recreación y los papeles que los hombres y las mujeres tienen en la sociedad.

los factores socioculturales han cobrado mayor relevancia en la creación de emprendimientos, afectando directamente la motivación y desempeño de las empresas emergentes (Ramírez & Torres, 2023). Los cambios demográficos, por ejemplo, tienen un impacto directo sobre las empresas, debido a que los cambios en la estructura de la población afectan la oferta y la demanda de bienes y servicios en una economía.

La cultura influye directamente en las negociaciones internacionales, ya que cada país tiene particularidades a la hora de negociar, aspectos como valores fundamentales, hábitos, costumbres, religión, moral, entre otros, agregan múltiples y complejas variables al comercio internacional, debido a las marcadas diferencias entre las culturas.

Al entrar a un mercado internacional es indispensable conocer cada una de las variables culturales, primero para poder tener una buena comunicación y posteriormente para obtener una negociación que beneficie a ambas partes. La cultura comprende todo lo que un grupo piensa, dice y hace, sus costumbres, lenguajes, herramientas materiales y sistemas compartidos de actitudes y sentimientos. Por lo tanto, la definición entraña una gran variedad de elementos, desde materiales hasta espirituales.

La negociación es una manifestación de la cultura del hombre y del medio en el cual se desenvuelve, de tal manera que para poder entenderla es necesario que este entienda el tejido dentro del cual actúa y debe desenvolverse. Las personas se mueven dentro de una situación social y cultural que posee determinados moldes. Estas matrices o reglas varían de una comunidad a otra y nos dan las pautas para identificar el espacio en el que los acuerdos comerciales pueden fructificar.

Entre los factores a considerar para el análisis sociocultural están:

- Indicadores demográficos.
- Movilidad social.
- Las tendencias en el empleo.
- Índice de Desarrollo Humano y Calidad de Vida de la población.
- Lenguaje, comunicación y medios.
- Los estilos de vida.
- Los cambios socioculturales en marcha.
- La distribución del ingreso.
- Patrones de consumo.
- Valores y estética.
- Usos y costumbres.
- Elementos materiales e inmateriales.
- Instituciones sociales.
- Nivel educativo.
- Factores étnicos y religiosos.

5. Entorno tecnológico

El factor tecnológico es importante para casi la totalidad de las empresas de todos los sectores industriales. La tecnología es una fuerza impulsora de los negocios, mejora la calidad y reduce los tiempos para mercadear productos y servicios. Los factores tecnológicos pueden reducir las barreras de entrada, los niveles mínimos para producir eficientemente e influir en la decisión de si producimos directamente o contratamos con terceros. Pero, también en las industrias donde los cambios tecnológicos se dan con mucha velocidad, es difícil para las empresas adoptar estos cambios al mismo ritmo, debido al costo y a la disponibilidad de recursos humanos calificados.

La velocidad del cambio tecnológico y su impacto en la competitividad global ha sido identificada como una de las principales fuerzas disruptivas en la estrategia empresarial internacional (Silva & Martínez, 2023). En el caso de la masificación de nuevas tecnologías para la automatización de los procesos de producción debido a la reducción de los costos de adopción, el efecto es una reducción en el empleo de mano de obra no calificada.

A continuación, se indican ejemplos de aspectos a considerar en el análisis de los factores tecnológicos:

- El impacto de las nuevas tecnologías (Ejemplos: robótica, nanotecnología).
- El impacto y velocidad de las transferencias de tecnología.
- El tamaño de las inversiones en investigación y desarrollo tecnológico.
- El impacto de las tecnologías de la información.
- Las tasas de obsolescencia tecnológica.
- La automatización de los procesos de producción.
- Los incentivos a la modernización tecnológica.

6. Entono Medio Ambiental

El entorno medio ambiental o ecológico estudia y analiza los factores ecológicos y ambientales que pueden dar beneficios y perjuicios a la creación y desarrollo de las empresas. Por lo tanto, la ecología se enfoca en estudiar los ecosistemas o poblaciones en general. Así mismo, la ecología es una ciencia en la que se desarrollan estudios sobre cuáles pueden ser los cambios que pueden sufrir los ecosistemas a partir de las actividades de los seres humanos.

Ampliar los conocimientos en estas áreas y diseñar estrategias y mecanismo enfocados en la preservación y conservación del medio ambiente. En la actualidad, el término ecológico va más allá de las investigaciones científicas y ahora forma parte de campañas políticas, culturales y educativos y movimientos sociales que buscan la protección e interacción consciente del ser humano con el medio ambiente.

La integración de criterios ambientales en la toma de decisiones empresariales se ha vuelto crítica, especialmente en sectores como el textil, donde el análisis PESTEL ha demostrado ser clave para la sostenibilidad (Fernández & Acosta, 2023). Los gobiernos han venido endureciendo las regulaciones relacionadas con los modelos productivos, buscando promover la migración hacia modelos más sostenibles y socialmente responsables, Es por ello que los programas de gestión ambiental no deben ser interpretados como una simple tendencia.

La gestión ambiental se ha convertido en un componente estratégico esencial para las empresas que operan en un entorno global cada vez más regulado y consciente del impacto ecológico. En este contexto, la ecología ha trascendido su dimensión científica para integrarse en la planificación empresarial, adoptando un enfoque ambientalista que considera tanto las dinámicas del ecosistema como las características demográficas y sociales de las comunidades donde se desarrollan las actividades productivas. Esta perspectiva ha dado lugar a modelos de producción más sostenibles, especialmente en sectores como el agroalimentario, donde se busca armonizar la eficiencia económica con la conservación del entorno natural y el bienestar social. No alinear las operaciones empresariales con estas tendencias puede acarrear consecuencias significativas, como sanciones regulatorias, pérdida de competitividad, deterioro de la reputación corporativa y exclusión de mercados que exigen altos estándares de sostenibilidad. Dentro de los factores medio ambientales se estudian los procesos, la dinámica y las interacciones entre todos los seres vivos de una población, de una comunidad, de un ecosistema o de la biosfera. Las interacciones ecológicas se caracterizan por el beneficio de los seres vivos (armónicas) o por el perjuicio de uno de ellos (inarmónicas) y puede ocurrir entre seres de la misma especie (intraespecíficas) o de diferentes especies (interespecíficas).

7. Entorno legal

El entorno legal se refiere a la manera en que se solucionan los conflictos entre las empresas, entre estas y el gobierno y entre los gobiernos, utilizando para ello las leyes nacionales, las internacionales o ambas. El entorno legal de un país comprende las reglas o leyes que dictan el comportamiento, junto con los mecanismos con que se aplican esas leyes y se ventilan las quejas. El entorno legal de un país es de inmensa importancia para las empresas internacionales.

El entorno legal afecta prácticamente todos los aspectos de la estrategia de internacionalización, desde la protección de la propiedad intelectual hasta las regulaciones laborales y ambientales (Navarro & Jiménez, 2023). Las leyes de un país regulan las prácticas comerciales definen la manera de realizar las transacciones comerciales y fijan los derechos y obligaciones de los participantes. El entorno legal de cada país varía significativamente y esas diferencias entre los sistemas legales influyen en el atractivo de un país como mercado o destino de inversiones.

El sistema legal manifiesta la influencia del sistema político prevaleciente (y también de las tradiciones históricas). El gobierno de un país define el marco legal para que operen las empresas y, en general, las leyes que las regulan dejan traslucir la ideología política de los gobernantes.

Algunos de los factores legales más importantes a considerar están relacionados con:

- Leyes de protección de la propiedad Intelectual.
- Leyes de publicidad.
- Leyes antimonopolio.
- Leyes laborales.
- Leyes sobre fármacos, tabaco y alcohol.
- Leyes sobre especificaciones técnicas o de bioseguridad.
- Aplicación del derecho internacional humanitario.
- El respeto de los derechos civiles.
- Las normas de protección al medio ambiente.
- Respeto de los derechos constitucionales.
- Leyes de protección a la inversión.
- Legislación tributaria.
- Leyes migratorias.
- Regulaciones a la entrada y salida de bienes, servicios y capitales.

A partir del análisis PESTEL algunos autores han incluido ciertas variantes agregando variables consideradas por ellos relevantes. Sin embargo, para otros estas adiciones son innecesarias pues consideran que son aspectos que perfectamente pueden encajar dentro de los cuatro factores originales.

Glosario de Conceptos clave

Término	Definición
Análisis PESTEL	Herramienta de análisis estratégico que permite evaluar el entorno externo de una organización a través de seis dimensiones: política, económica, sociocultural, tecnológica, ecológica y legal.
Macroentorno	Conjunto de factores externos que afectan a una empresa y sobre los cuales no tiene control directo, pero que influyen en su desempeño y decisiones estratégicas.
Entorno político	Dimensión del análisis PESTEL que considera la estabilidad gubernamental, políticas públicas, relaciones internacionales y el sistema político de un país.
Entorno económico	Factores relacionados con la economía de un país o región, como inflación, tasas de interés, crecimiento económico, tipo de cambio y riesgo financiero.
Entorno sociocultural	Aspectos sociales y culturales que influyen en el comportamiento del consumidor, como valores, costumbres, idioma, religión y estructura demográfica.
Entorno tecnológico	Factores relacionados con la innovación, la automatización, la inversión en I+D y la velocidad del cambio tecnológico que afectan la competitividad empresarial.
Entorno Medio Ambiental	Dimensión que analiza el impacto ambiental de las actividades empresariales y la necesidad de adoptar prácticas sostenibles y responsables con el medio ambiente.
Entorno legal	Conjunto de leyes, regulaciones y normativas que rigen la actividad empresarial en un país, incluyendo derechos laborales, propiedad intelectual y normas comerciales.
Estabilidad financiera	Condición en la que el sistema financiero de un país funciona adecuadamente, permitiendo el acceso al crédito, la inversión y el crecimiento económico.
Ciclo económico	Fluctuaciones periódicas de la actividad económica que incluyen fases de expansión, auge, recesión y recuperación, y que afectan la demanda y la inversión.

Referencias bibliográficas

- Antúnez, A. Araujo, E. (2018). Análisis macroeconómico de los países de la Alianza del Pacífico Revista de ciencias sociales.
- Bobbio, N. (2002). Diccionario de política. Editorial Siglo XXI.
- Canals, J. (2000). Crecimiento empresarial: personas y tecnología en la nueva economía. Revista empresa y humanismo.
- Chonchol, J. (1998). Impacto de la globalización en las sociedades latinoamericanas: ¿que hacer frente a ello? Estudos Avançados.
- Dunning, J. (2014). Explaining International Production. Routledge.
- Fernández, L., & Acosta, M. (2023). *Sostenibilidad y entorno ecológico en la industria textil latinoamericana.* Journal of Environmental Business, 12(1), 45–62.
- García, D., & López, R. (2023). *Factores macroeconómicos y riesgo país en América Latina.* Revista de Economía Internacional, 29(2), 88–104.
- Krugman, P. Obstfeld, M. (2014). Economía internacional. Pearson educación.
- Meyer, K., & Peng, M. (2023). *The political environment and global business strategy.* International Business Review, 32(1), 101–115.
- Navarro, J., & Jiménez, A. (2023). *Entorno legal y marketing internacional: desafíos regulatorios.* Global Marketing Journal, 18(3), 210–225.
- Padilla, M. (2015). Finanzas internacionales. Ecoe Ediciones.
- Peng, M. (2010). Estrategia Global. Cenage Learning.
- Porter, M. (2011). Competitive advantage of nations: creating and sustaining superior performance. Simon and Schuster.
- Ramírez, C., & Torres, L. (2023). *Factores socioculturales y emprendimiento post-pandemia en América Latina.* Revista de Ciencias Sociales, 41(2), 134–150.
- Rennie, M. (1993). Born Global. McKinsey Quarterly.
- Silva, P., & Martínez, J. (2023). *Transformación digital y competitividad en mercados internacionales.* Tecnología y Empresa, 27(4), 77–93.
- Stiglitz, J. Greenwald, B. (2015). La creación de una sociedad del aprendizaje. Ediciones Culturales Paidós.
- Torres-Gaitan, R. (2005). Teoría del comercio internacional. Siglo XXI.

Capítulo 3

Estrategias de mercadeo internacional

Objetivo de aprendizaje

Diseñar e implementar estrategias de marketing internacional adaptadas a las dinámicas del entorno global, considerando las diferencias culturales, económicas y regulatorias entre mercados.

Resultado de aprendizaje

Al finalizar el capítulo, el estudiante será capaz de identificar y aplicar enfoques estratégicos de marketing internacional, evaluando la pertinencia de la estandarización o adaptación de productos y campañas en función de las características de los mercados objetivo.

Introducción

La acelerada evolución de la tecnología aplicada a las comunicaciones y los procesos logísticos han reducido vertiginosamente los tiempos empleados en la ejecución de las transacciones comerciales forzando a las empresas a buscar su sostenibilidad a través de la expansión hacia los mercados internacionales. Entre tanto, los sistemas económicos de libre de mercado siguen consolidando el proceso globalizante reduciendo las barreras domésticas, a pesar de la asimetría en materia de desarrollo y competitividad existente entre las diferentes regiones.

Por ello, la búsqueda de oportunidades reales y potenciales en nuevos mercados transnacionales es una necesidad imperativa para las organizaciones, que corresponde aquellos encargados de la toma de decisiones. Por lo tanto, las estrategias de *marketing* internacional se han convertido en un eje fundamental y de gran relevancia para gerentes y directivos que requieren disminuir la incertidumbre, interpretando el comportamiento del mercado para lograr consolidarse en un contexto altamente competido y cambiante. Por ello, en el presente documento analizan las perspectivas del marketing internacional como herramienta que permite a las organizaciones que permiten acceder a nuevos nichos y segmentos de mercado, a través del diseño de estrategias que permitan superar las diversas barreras comerciales y minimizar el riesgo de operación en el comercio global.

1. Evolución del Marketing Global

El marketing global, como ciencia aplicada es relativamente nueva. En comparación con otras disciplinas surge de la práctica de la actividad empresarial y posteriormente pasa a ser estudiada y conceptualizada por la comunidad académica. El reconocimiento de los nuevos enfoques en torno a la internacionalización de las prácticas de *marketing* sigue una serie de etapas para llegar a ser aceptadas e incorporadas a la gestión organizacional.

Estas etapas se describen a continuación en la siguiente tabla.

Tabla 1. Etapas de conceptualización del Marketing Global

Etapa	Descripción
Identificación	• Esta se da cuando la idea es percibida, lo cual es el reflejo de una realidad que se está viviendo en un determinado contexto. • Es en este momento cuando se le adjuduca un nombre con el objeto de faciliar su referencia y mención. De ahí la profusión y confusión de términos que surgen al principio de la actividad cuando esta aún no ha sido conceptualizada.
Conceptualización	• Aquí se define, alcanzando forma y significado distintivo. Se pretende que cada término relacionado co la nueva idea, tenga un contenidos claro, delimitado y aceptado por la comunidad.
Asimilación	• Integración de un cuerpo de conocimientos establecido o por establecer.

El marketing internacional es una disciplina de gran aceptación o interés. A pesar de que se trata de una disciplina joven, requiere tiempo para desarrollarse y consolidarse a partir de los conocimientos adquiridos y las experiencias ganadas por las organizaciones, que son las que actúan en el terreno internacional. Durante las últimas dos décadas las organizaciones se han visto en la necesidad de diseñar estrategias que le permitan enfrentar la entrada de grandes competidores en su mercado natural e incluso para internacionalizar las operaciones comerciales con el objeto de garantizar la supervivencia del negocio en entornos altamente competidos y cambiantes.

La aparición del *marketing* internacional en el campo académico busca dar respuesta a los problemas que enfrentan los gerentes al realizar operaciones en mercados de más de una nacionalidad, en los cuales confluyen diferentes sistemas políticos, económicos, legales, ubicados en entornos multiculturales con asimetrías en sus niveles de desarrollo.

Lo anterior conlleva a tomar decisiones bajo incertidumbre, pues cuanto más internacional se hace la empresa estará expuesta a un riesgo mucho mayor. Puesto que, si bien el mercado obtiene un incremento significativo en el total de consumidores potenciales, inevitablemente este incremento también se da en el número de competidores y en la cantidad de variables que intervienen en el proceso.

2. Definición de *marketing* Global

El *marketing* internacional lo podemos distinguir como un amplio campo de estudio que combina la ciencia y el arte de los negocios con otras disciplinas como son Economía, Administración, Antropología, Sociología, Psicología, Historia, Derecho, Estadística y, Demografía, entre otras que le ayudan a detectar oportunidades de mercados de diferentes nacionalidades.

Un análisis de la evolución del concepto de *marketing* demuestra que este se ha ido cargando de contenido a medida que la empresa se adaptaba a las exigencias de una sociedad en continua evolución. El enfoque estratégico del *marketing* significa que las empresas se orientan hacia el cliente, pero siendo conscientes de que estos se encuentran influenciados por un determinado contexto, formado por competidores, regulaciones del gobierno, intermediarios, clientes, proveedores, etc.

Este énfasis dado al entorno es sumamente importante para el desarrollo de la actividad de *marketing* internacional, ya que es precisamente esa internacionalización del entorno, la que fuerza a las empresas a salir a los mercados exteriores y a necesitar, por lo tanto, de un instrumento que los gestione. De ello, se deduce que el *marketing* internacional tiene su razón de ser en la gestión de las operaciones comerciales realizadas entre diferentes países. La forma de gestionar tales operaciones da lugar a diferentes estrategias o enfoques de *marketing* internacional.

Se puede afirmar que el *marketing* internacional es una consecuencia lógica de la necesidad de las empresas de gestionar sus operaciones comerciales internacionales. El *marketing* internacional es una etapa avanzada en el proceso evolutivo de las funciones que el *marketing* desempeña en la empresa, en particular, cuando esta realiza operaciones cada vez más comprometidas y sofisticadas más allá de sus fronteras nacionales. En consecuencia, los principios del *marketing* son aplicables universalmente pero el entorno en el cual estos se desarrollan no es el mismo en todos los países, variando considerablemente de uno a otro. Estos principios se ven afectados por las características del medio en el que tienen que ser aplicados, siendo el entorno el que diferencia el *marketing* doméstico del *marketing* internacional.

3. Influencia de la globalización en el Marketing Global

Una vez comprendida la conceptualización del marketing internacional, resulta fundamental analizar cómo el fenómeno de la globalización moldea las decisiones estratégicas en este ámbito. En un entorno empresarial cada vez más interconectado, la estrategia de marketing global se convierte en una herramienta esencial para identificar oportunidades, gestionar la diversidad de los mercados y construir ventajas competitivas sostenibles. Ignorar el contexto global en el que operan hoy las organizaciones limitaría gravemente su capacidad de adaptación y crecimiento. Por ello, el desarrollo de estrategias de marketing orientadas a múltiples mercados no solo responde a una necesidad operativa, sino que constituye un imperativo estratégico para competir eficazmente en escenarios dinámicos, multiculturales y altamente competitivos.

Actualmente, el escenario comercial se está percibiendo como un continuo proceso de integración de los mercados nacionales hacia un único mercado global, que está influyendo drásticamente en un cambio radical de las políticas empresariales. Este fenómeno ha sido acelerado por la transformación digital, que ha obligado a las empresas a rediseñar sus estrategias de marketing para adaptarse a entornos más dinámicos y centrados en el cliente (Cioppi et al., 2023)

Esta tendencia hacia la globalización de los mercados tiene su origen en el desarrollo paralelo de una serie de factores determinantes que se detallan a continuación.

- El impresionante desarmillo y la integración en todos los ámbitos de la vida e incluso a nivel comercial y de *marketing* de las Tecnologías de la Información y la Comunicación (TIC).

- La optimización imparable de los procesos de producción de productos y en gran parte justificados por la incorporación de las nuevas tecnologías a nivel industrial y empresarial.
- El fomento de la liberalización económica y de la adopción de posturas gubernamentales enfocadas hacia el libre mercado en las políticas llevadas a cabo en un número creciente de países.
- El crecimiento de la presencia y la importancia relativa de países considerados tradicionalmente como emergentes y en vías de desarrollo, tales como China, India y Brasil en el desarrollo de las relaciones comerciales a nivel internacional.

4. Perspectivas del Marketing Global

Comprender cómo las empresas abordan su inserción en los mercados internacionales es clave para diseñar estrategias de marketing efectivas y sostenibles. En este sentido, el marco conceptual propuesto por Perlmutter (1979) ofrece una valiosa clasificación de las distintas perspectivas que adoptan las organizaciones al expandirse globalmente. Este enfoque reconoce que no existe una única forma de operar en el entorno internacional, sino que las decisiones estratégicas están influenciadas por la visión que la empresa tiene del mundo y de su papel en él.

Perlmutter identifica cuatro orientaciones principales —etnocéntrica, policéntrica, regiocéntrica y geocéntrica— que reflejan el grado de centralización, adaptación y estandarización con el que una empresa gestiona sus operaciones internacionales. Estas perspectivas no solo determinan cómo se diseñan y ejecutan las estrategias de marketing, sino que también influyen en la estructura organizacional, la asignación de recursos y la forma en que se interpretan las diferencias culturales y de mercado. A continuación, se describen en detalle cada una de estas perspectivas.

a) Perspectiva Etnocéntrica

Desde la perspectiva etnocéntrica, el marketing internacional es concebido como una simple extensión del marketing doméstico. Bajo este enfoque, las empresas tienden a replicar en los mercados exteriores las estrategias que han sido exitosas en su país de origen, partiendo de la premisa de que su modelo local es superior o más eficiente que el de otras regiones.

Aunque se reconoce que pueden existir diferencias culturales, económicas o regulatorias entre países, estas son vistas como obstáculos temporales que eventualmente serán superados por la influencia de factores externos —como la globalización o la estandarización tecnológica— que conducirán a una convergencia de los mercados. En consecuencia, se espera que las prácticas del marketing doméstico prevalezcan y se impongan gradualmente en los contextos internacionales, minimizando la necesidad de adaptación local.

b) Perspectiva Policéntrica

La perspectiva policéntrica entiende el marketing internacional como un conjunto de estrategias diferenciadas, diseñadas específicamente para cada país o región. Este enfoque, también conocido como marketing multidoméstico, reconoce que las diferencias culturales, políticas, económicas y sociales entre los mercados son profundas y estructurales, por lo que requieren respuestas adaptadas a cada contexto.

Las empresas que adoptan una orientación policéntrica tienden a descentralizar sus decisiones de marketing, permitiendo a las filiales locales mayor autonomía para responder a las particularidades del entorno (Samiee, Katsikeas & Hult, 2021). Bajo esta lógica, el marketing internacional no es una extensión del marketing doméstico, sino una colección de programas nacionales coordinados de forma flexible, pero diseñados de manera autónoma para maximizar la efectividad local.

c) Regiocéntrica

Desde la tercera perspectiva, el *marketing* internacional se conceptualiza como un subconjunto de un *marketing* más «genérico». Este *marketing* genérico opera sobre la base que el intercambio económico es universal: aunque la negociación que hay implícita varía según los valores culturales, las estructuras sociales, el entorno político, las condiciones físicas, los factores de producción propios, etc. estas perspectivas para analizar cómo las empresas multinacionales equilibran la presión por la integración global con la necesidad de responder a las particularidades regionales, destacando la vigencia del enfoque regiocéntrico en mercados emergentes (Schlegelmilch, 2022).

Considera que no hay diferencias entre la naturaleza de un sistema de *marketing* doméstico y uno internacional: aunque como consecuencia de las fuerzas endógenas, las técnicas no son aplicadas de la misma forma. Así. se tiene que las campañas publicitarias se realizan en cualquier país del mundo, aunque no de igual manera. Por ejemplo, hay países donde está prohibido la utilización de niños en los anuncios publicitarios de televisión.

El *marketing* genérico es una visión cuasi-geocéntrica del mundo, al considerar que solo hay un *marketing* que trasciende cualquier entorno particular. Este enfoque considera el *marketing* como una forma genérica de intercambio económico.

d) Perspectiva Geocéntrica

La perspectiva geocéntrica representa el enfoque más integrador dentro del marketing internacional, al concebir los mercados globales como un sistema interconectado que puede ser gestionado de manera unificada. Bajo esta visión, el marketing internacional se entiende como marketing global, resultado de un nuevo orden de integración económica, tecnológica y cultural que trasciende las fronteras nacionales.

Este enfoque plantea que, a pesar de las diferencias entre países, existen fuerzas exógenas, como la digitalización, la movilidad global y la convergencia de estilos de vida, que están homogeneizando progresivamente los gustos y preferencias de los consumidores. En consecuencia, las empresas pueden diseñar estrategias de marketing estandarizadas que sean efectivas en múltiples mercados, sin necesidad de realizar adaptaciones significativas. Schlegelmilch (2022) destaca que la perspectiva geocéntrica permite a las organizaciones equilibrar sinergias globales con la capacidad de respuesta local, optimizando recursos y fortaleciendo la coherencia de marca a nivel internacional. Esta visión se apoya en la creciente disponibilidad de tecnologías de comunicación, acuerdos de libre comercio y plataformas logísticas que facilitan el acceso a mercados diversos, promoviendo una gestión estratégica más eficiente y globalmente alineada.

5. Estrategia de Marketing Global

La estrategia de *marketing* global es diseñada para un producto, servicio o una empresa dentro de un solo mercado mundial abarcando muchos mercados o países simultáneamente. Estas estrategias de *marketing* son esenciales para cualquier empresa, sea cual sea el tipo de productos o servicios que ofrece, ya que son un eslabón de la cadena de valor. Comprende el conjunto de acciones encaminadas a posicionar los productos y servicios de una empresa en los diferentes mercados donde opera. Aquí, el gran reto es lograr que la estrategia funcione para muchos mercados.

Las empresas que incursionan en mercados internacionales suelen integrar insumos provenientes de distintos países, lo que les permite aprovechar economías de escala para reducir costos de producción y operación, incrementando así su competitividad internacional. En este contexto, uno de los dilemas más debatidos en el marketing internacional es la elección entre una estrategia de estandarización o de adaptación. Esta decisión implica determinar si es más conveniente ofrecer productos y procesos homogéneos en todos los mercados o ajustarlos a las particularidades de cada entorno local. La elección no depende únicamente de las características del producto o del mercado, sino también de la capacidad de la empresa para mantener una coherencia global sin perder relevancia local (Torelli & Rodas, 2024).

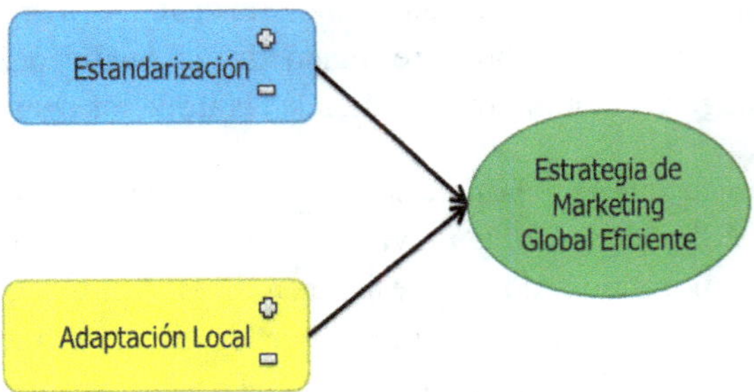

De acuerdo con Walters (1986), el grado en que las estrategias de *Marketing* Internacional se pueden adaptar o estandarizar depende de:

- El tipo de producto.
- La homogeneidad o heterogeneidad de los mercados.
- Las características y la disponibilidad de medios de comunicación.
- Los tipos de medios publicitarios y canales de distribución disponibles en cada segmento de mercado.
- Las restricciones gubernamentales.
- La estructura de la industria.

Estrategia de adaptación

La estrategia de adaptación consiste en adecuar el producto o servicio a las distintas necesidades y condiciones de cada mercado. Cuando se elige este tipo de estrategia es porque el mercado de dos o más países se comporta totalmente diferente. Por ejemplo, existen diferencias legales en cada país en cuanto producto, envase y embalaje que obligan a realizar adaptaciones para poder introducir y vender productos.

En otras palabras, la adaptación se basa en realizar alguna modificación en los productos, los procesos o la comunicación con el objetivo de acomodar la oferta de la empresa a los gustos de los clientes y a las condiciones del mercado del país extranjero, tomando en consideración que los consumidores no se comportan exactamente igual en todos los mercados, aun cuando se perciba que la globalización está generando mayor uniformidad en los mercados, la diferencia en los usos y costumbres de cada país, hace necesaria la adaptación, puesto que las barreras culturales son un factor muy relevante para la comercialización de los productos. Los partidarios de la adaptación argumentan que se deben considerar las diferencias entre países, incluyendo la cultura, las etapas de desarrollo económico e industrial, la etapa del ciclo de vida de los productos, la disponibilidad de medios de comunicación y las restricciones legales (Burt, 2011).

Estrategia de estandarización

La implementación de la estrategia de estandarización se basa en la idea de que los mercados tienden a homogeneizarse por la presión de la tecnología, las comunicaciones y los transportes. La estrategia de estandarización consiste en considerar que el mercado es global para el producto. La interdependencia de los mercados mundiales y la homogeneización de la población mundial en términos de preferencias de compra, mejoras en los estándares de vida, mayor acceso a la información y el aumento de la movilidad junto con la caída de muchas barreras comerciales y la mejora en las tecnologías han contribuido a que algunas organizaciones consideren más ventajoso estandarizar las estrategias de *marketing*.

Argumentando que, a pesar de las diferencias entre naciones, las empresas pueden ofrecer el mismo producto en todos los mercados. Esto ayuda a reducir los costos de adaptación y ayuda a la gente a identificar los productos en donde quiera que se encuentre. Las organizaciones deben centrarse en los beneficios que pueden derivarse de una estrategia basada en lo que hay de similar entre los mercados, más que en lo que los diferencia. La política de estandarización establece que las necesidades, deseos y demandas de los consumidores no tienden a variar entre los diferentes mercados y países, así como también las estructuras de organización del mercado y, en consecuencia, los contextos competitivos.

Las variables que motivan a la utilización de la estrategia de estandarización son:

- ✓ Economías de escala en la producción, el mercadeo y la gestión.
- ✓ Homogenización de los gustos y demanda de los consumidores: Al igualarse los gustos y comportamientos de compra, debido a la publicidad. Por ejemplo, la moda en ropas de vestir se facilita la fabricación y venta de los mismos productos en distintos países.
- ✓ Posicionamiento de la Imagen de forma consistente y coherente a nivel internacional.
- ✓ La convergencia de las legislaciones: Últimamente se ha producido una armonización legal en los mercados que ha mejorado el tratamiento de los productos y las inversiones en el extranjero.
- ✓ Los procesos de integración económica: Estos procesos de integración favorecen el comercio internacional entre los países miembros, ya que eliminan barreras aduaneras, restricciones al libre comercio y favorecen el intercambio de bienes y servicios.

6. Estandarización Vs. Adaptación

De acuerdo con Root (1994), es posible encontrar el equilibrio adecuado entre la estrategia de adaptación y la de estandarización, a través de la valoración cuidadosa de los beneficios, riesgos y costos que resultarían a la hora de decidir el nivel adecuado de estandarización o adaptación, partiendo de las características del mercado y el ciclos de vida del producto. La siguiente tabla presenta un comparativo con los principales aspectos a evaluar al momento de definir la estrategia de *marketing* global.

Estandarización	Adaptación
· Altos costos de adaptación local. · Productos industriales. · Convergencia en gustos. · Predomina el ambiente urbano. · Similitud entre países. · Administración centralizada	· Diferencias en estándares técnicos. · Productos de consumo y uso personal. · Variaciones en las necesidades de los consumidores. · Variaciones en las condiciones de uso.

· Imagen fuerte del país de origen. · Economías de escala en producción, *marketing* e I&D. · Estrategias de productos estandarizadas por parte de los competidores.	· Variaciones en la posibilidad de compra (nivel de ingreso). · Administración descentralizada. · Fuertes diferencias culturales. · Ambiente local que induce a la adaptación, cadena de suministro, normas regulaciones. · Estrategias de adaptación exitosas por parte de los competidores.

Conceptos clave

Término	Definición
Marketing internacional	Conjunto de estrategias y acciones orientadas a comercializar productos o servicios en mercados fuera del país de origen, considerando las particularidades culturales, económicas y legales de cada entorno.
Globalización	Proceso de integración económica, tecnológica, política y cultural a escala mundial, que ha transformado la forma en que las empresas operan y compiten en los mercados internacionales.
Estandarización	Estrategia de marketing que busca aplicar un enfoque uniforme en todos los mercados internacionales, utilizando los mismos productos, mensajes y canales para lograr coherencia global y economías de escala.
Adaptación	Estrategia que consiste en ajustar los productos, mensajes o procesos de marketing a las características específicas de cada mercado local, con el fin de responder mejor a las necesidades y preferencias de los consumidores.
Economías de escala	Reducción de costos unitarios a medida que aumenta el volumen de producción, lo que permite a las empresas ser más competitivas en mercados globales.
Segmentación internacional	Proceso de dividir el mercado global en grupos de consumidores con características similares, para diseñar estrategias de marketing más efectivas y focalizadas.

Término	Definición
Homogeneización del mercado	Tendencia hacia la uniformidad de gustos, preferencias y comportamientos de consumo entre diferentes países, impulsada por la globalización y los medios de comunicación.
Cadena de valor global	Conjunto de actividades que una empresa realiza en diferentes países para diseñar, producir, comercializar y distribuir sus productos o servicios.
Posicionamiento internacional	Estrategia mediante la cual una empresa define cómo quiere ser percibida por los consumidores en distintos mercados globales.
Comunicación intercultural	Proceso de intercambio de mensajes entre personas de diferentes culturas, fundamental para el éxito de las estrategias de marketing internacional.

Referencias bibliográficas

- Burt, S. Johansson, U. Thelander, Å. (2011). Standardized marketing strategies in retailing? IKEA's marketing strategies in Sweden, the UK and China. Journal of Retailing and Consumer Services.
- Cateora, P. R. Gilly, M. Graham, J. (2013). Marketing internacional. AMGH Editora.
- Cioppi, M., Di Maria, E., & Micelli, S. (2023). Digital transformation and global marketing strategies: A dynamic capabilities perspective. Journal of International Marketing, 31(1), 45–62.
- Jerez J. y García, A. (2010), Marketing internacional para la expansión de la empresa. ESIC.
- Lerma Kirchner, A. y Márquez Castro, E. (2010). Comercio y marketing internacional. Edición cuarta. México. Editorial CENGAGE Learning.
- Martinez Valverde, J. (2017). Marketing internacional. Ediciones Paraninfo. SA.
- Peng, M. y York, A. (2001), «Behind Intermediary Performance in Export Trade: Transactions, Agents, and Resources». Journal of International Business Studies.
- Root, F. (1994). Entry strategies for international markets. New York.

- Salazar-Araujo (2020). Internacionalización de Pymes, La inserción de PYMES manufactureras del departamento del Atlántico en los mercados internacionales. ESEADE.
- Samiee, S., Katsikeas, C. S., & Hult, G. T. M. (2021). International marketing strategy in the age of digitalization and sustainability. Journal of the Academy of Marketing Science, 49(5), 887–910.
- Schlegelmilch, B. B. (2022). Global marketing strategy: An executive digest. International Marketing Review, 39(3), 421–437.
- Torelli, R., & Rodas, M. (2024). Balancing global consistency and local responsiveness: Strategic choices in international marketing. Global Business Review, 25(2), 198–215.
- Walters, P. (1986). International marketing policy: a discussion of the standardization construct and its relevance for corporate policy. Journal of International Business Studies.

Capítulo 4

Costos de operaciones de la internacionalización

Objetivo de aprendizaje

Analizar los componentes que conforman los costos operacionales en el comercio internacional, evaluando su impacto en la rentabilidad y en la toma de decisiones estratégicas para la exportación e importación de bienes.

Resultado de aprendizaje

Al finalizar el capítulo, el estudiante será capaz de identificar, calcular y gestionar los distintos tipos de costos asociados a las operaciones internacionales, así como aplicar estrategias de fijación de precios y seleccionar modalidades de venta adecuadas para optimizar los resultados comerciales.

Introducción

Uno de los aspectos para tener en cuenta antes de iniciar operaciones de comercio internacional es el cálculo de los costos asociados a la ejecución del proceso durante toda la cadena logística, permitiendo así tener un claro panorama de la relación costo / beneficio para así determinar el precio óptimo en el mercado de destino. En los negocios internacionales es necesario tener en cuenta los costos producción, logísticos, financieros y operativos.

Para determinar el precio de un producto en las operaciones comerciales internacionales no es suficiente aplicar un sistema de costo más margen, puesto que existen variables adicionales que pueden afectar directamente la rentabilidad de un negocio, como el incoterm seleccionado, el tipo de cambio, el modo de trasporte empleado, entre otras variables.

1. Diferencia entre costo, precio y valor

Usualmente, los términos costo, valor y precio son palabras empleadas como sinónimos. Sin embargo, cada una de ellas representa conceptos muy diferentes.

El **valor** se refiere a la importancia que el consumidor asigna a un bien o servicio consumido, es decir, el beneficio percibido al realizar un intercambio comercial. El **precio** es la cantidad de unidades monetarias u otros elementos redituables que se necesitan para adquirir un producto. En otras palabras, es la cantidad de dinero que pagan los consumidores a cambio de los beneficios de acceder al producto o servicio y usualmente se encuentra asociado a los principios de oferta y demanda. El **costo** es la medición en términos monetarios de la cantidad de factores de productivos empleados para la elaboración de un producto o servicio. En conjunto, estos términos conforman las tres dimensiones de medición.

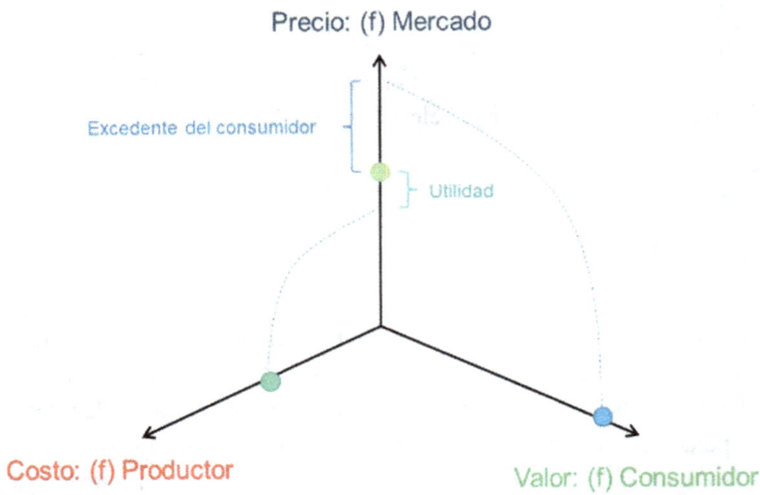

Valor – Precio = Utilidad de Consumidor

Precio – Costo = Utilidad del Productor

2. Determinación de los costos de las operaciones comerciales internacionales

Para el desarrollo de operaciones de comercio internacional, el nivel de riesgo, el tiempo que demoran los trámites aduaneros de exportación o importación, así como también el modo de transporte tienen un impacto directo en el costo de las operaciones de compraventa internacional de mercancías, por es conveniente emplear en la estimación de costos el INCOTERM más adecuado y de esta forma determinar con exactitud hasta donde debe colocarse la mercancía a disposición del comprador, cuál será el punto de trasmisión del riesgo y quién asumirá la responsabilidad en el transporte.

En el caso de las importaciones los costos se calculan desde el puerto de embarque en el país de procedencia hasta la bodega del importador, incluyendo costos asociados al transporte internacional, los derechos aduaneros y otros costos no arancelarios, mientras que en el caso de las exportaciones se calculan desde la bodega del productor hasta el puerto colombiano donde se embarca la mercancía.

Así mismo se deben tener en cuenta costos tan importantes como el embalaje, los costos asociados a los requisitos para la entrada de productos, como son las licencias, certificaciones y registros y vistos buenos para algunos productos, incluyendo los costos de adaptación o adecuación del producto, los costos de promoción, en especial si la venta se realiza en términos CFR o CIF. Adicionalmente, no deben ignorarse los impuestos de ingreso al país comprador y si existe algún acuerdo comercial con ese país que beneficie o reduzca los costos de ingreso.

En el territorio nacional toda operación de comercio internacional requiere una destinación aduanera, la que deberá declararse ante la aduana, bajo cuya potestad se encuentren las mercancías a que se refiere la destinación y se formalizarán mediante un documento denominado "Declaración de Ingreso (DIN)" para las importaciones y "Documento Único de Salida (DUS)" y a través de ellos se indicará la clase o modalidad de la destinación que se trate.

Para el caso de las importaciones, las mercancías extranjeras que ingresan al territorio nacional pueden ser objetos de las siguientes destinaciones aduaneras de ingreso:

- Importación.
- Admisión temporal.
- Almacén particular.
- Admisión temporal para el perfeccionamiento activo (almacén particular de exportación).
- Reingreso (reimportación).
- Tránsito.
- Transbordo.
- Redestinación.

Los documentos base para presentar la DIN son:

- Conocimiento de embarque o documento que haga sus veces, que habilite al importador consignatario de la mercancía.
- Factura comercial.
- Lista de empaque, cuando proceda, correspondiendo siempre en mercancías acondicionadas en contenedores.
- Certificado o póliza de seguro.
- Certificado de origen, cuando las mercancías vengan negociadas en algún acuerdo comercial.
- Visaciones, certificaciones, vistos buenos y otros, cuando proceda (productos agropecuarios, armas, explosivos, cosméticos, etc.).
- Papeleta de recepción autorizada por el despachador cuando el recinto de depósito se encuentra a cargo de alguna empresa portuaria o administrado por un particular.
- Otros documentos que el agente de aduanas debe exigir a su mandante, como por ejemplo las declaraciones juradas referidas al precio de la mercancía o para mayores antecedentes acerca de su naturaleza para los efectos de la correcta clasificación arancelaria y otros documentos para la valoración aduanera de la mercancía.

Para el caso de las exportaciones, las mercancías nacionales o nacionalizadas que salgan del territorio nacional pueden ser objetos de las siguientes destinaciones aduaneras de salida:

- Exportación.
- Salida temporal.
- Salida temporal para perfeccionamiento de pasivos.
- Reexportación.

Los documentos de base para la confección del DUS son, entre otros, los siguientes o mandato para despachar, siendo proveído mediante poder escrito simple.

- Nota o instrucciones de embarque.
- Planilla de calibraje, en caso de productos hortofrutícolas frescos, cuando proceda.
- Contrato de transporte, dependiendo de la vía de transporte.
- Certificados de análisis, calidad u origen, cuando corresponda.
- Otras visaciones.

Como guía, a continuación, se presenta un cuadro general de costos:

Cuadro 1. Cálculo de los costos de exportación			Costo unitario	Costo total	Tiempo (días)
País exportador	**A**	**Valor EXW**			
		Costos directos			
	1	Empaque			
	2	Embalaje			
	3	Unitarización			
	4	Manipulación local exportador			
	5	Documentación			
	6	Transporte (hasta punto de embarque)			
	7	Almacenamiento intermedio			
	8	Manipulación preembarque			
	9	Manipulación embarque			
	10	Seguro			
	11	Bancario			
	12	Agentes			
		Costos indirectos			
	13	Administrativos - costo indirecto			
	14	Capital-inventario			
		Costo de la DFI país exportador			
	B	**Valor: FCA no incluye embarque**			
	C	**Valor: FAS no incluye embarque**			
	D	**Valor: FOB**			
Tránsito internacional	1	Transporte internacional			
	E	**Valor CFR**			
	F	**Valor CPT**			
	1	Seguro internacional			
	G	**Valor CIF**			
	H	**Valor CIP**			
	1	Manipulación de desembarque			
		Costos indirectos			
	2	Capital-inventario			
		Costo de la DFI en tránsito internacional			
Pais importador	1	Transporte lugar convenido comprador			
	2	Almacenamiento			
	3	Seguro			
	I	**Valor DAP (no incluye la descarga)**			
	J	**Valor DPU**			
	1	Documentación			
	2	Aduaneros (impuestos)			

	3	Agentes			
	4	Bancario			
		Costos indirectos			
	5	Capital-inventario			
		Costo de la DFI país importador			
	K	**Valor DDP total**			

2. Estrategias de precio internacional

Para determinar el precio internacional de un producto, las empresas pueden disponer de una variedad de estrategias posibles para comercializar sus productos en mercados externos. La estrategia de precios permite identificar la orientación de la empresa al definir las líneas generales del cálculo de precios. Algunos de los más empleados se describen a continuación:

a.-Métodos basados en costos

Uno de los sistemas más utilizados en la fijación de precios es partir de los costes del producto y añadirle unos determinados márgenes. Los métodos de precios basados en los costos permiten la obtención de un nivel general de precios a partir de la información de costos disponible en la empresa. Se pueden distinguir los siguientes métodos:

b.- Métodos basados en la demanda

Los métodos de precios basados en la demanda se centran en los aspectos principales que pueden reflejar el precio en las decisiones de compra, estudiando el comportamiento del consumidor y los precios que están dispuestos a pagar por un producto o servicio. Por ello reflejan aspectos de percepción para el consumidor, como son el posicionamiento de la marca y la asociación de la marca con el concepto de calidad. Algunas técnicas empleadas para la fijación del precio son:

- Análisis marginal (o elasticidades).
- Método de valor en uso (precio máximo y mínimo aceptable).
- Método de diferencial de la demanda.
- Método del valor percibido (atributos + beneficios percibidos).
- Método de licitación, propuesta sellada o concurso.

c.- Métodos basados en la competencia

En determinadas ocasiones, es conveniente fijar los precios teniendo en cuenta la competencia más que los costos, aunque estos marcan el precio mínimo al que puede venderse el producto.

Este método consiste en fijar un precio que guarde una determinada relación con los precios de los productos de la competencia. Normalmente, la variación de precios de la competencia origina una variación inmediata de los precios de la empresa, empleando alguna de las siguientes estrategias:

- Sistema de paridad competitiva.
- Fijación de precios por debajo del nivel competitivo.
- Fijación de precios por encima del nivel competitivo.

d.- Métodos basados en ciclos

Usualmente, esta estrategia se encuentra en función del tiempo y depende del ciclo económico, del ciclo de vida del producto o de la temporada. Esta estrategia consiste en adaptar el precio a las circunstancias del mercado en función de las condiciones del mercado. De esta forma, fijamos diferentes precios para el mismo producto dependiendo de las circunstancias específicas de cada mercado. Esta estrategia es especialmente útil para aquellas empresas cuyos productos pierden rápidamente su valor con el paso del tiempo o el cambio de las condiciones del mercado.

3. Factores complementarios al precio

Existe un gran conjunto de factores que son complementarios al precio y que actúan modificando su percepción o su monto. Entre estos factores podemos destacar:

- Condiciones de pago.
- Condiciones de entrega.
- Servicio postventa.
- Garantía ofrecida.
- Servicios complementarios.
- Costos de transferencia.

- Adecuación al nuevo producto.
- Personalización o adaptación del producto.
- Calidad de las materias primas empleadas.

Los consumidores tienen una importancia primordial sobre el precio, ya que resulta importante averiguar los siguientes aspectos:

- Elasticidad demanda / precio.
- Importancia del precio por segmentos.
- Percepción del precio.
- Nivel de recuerdo del precio.

El sistema de gobierno de un estado, así como los diferentes niveles existentes de acuerdo con la organización política de cada país, pueden promulgar distintos tipos de normativas que afectan los precios, entre las cuales se pueden resaltar las siguientes:

- Leyes contra los acuerdos horizontales de precios.
- Leyes contra la fijación vertical de precios.
- Leyes contra prácticas de restricción de competencia.
- Fijación de precios mínimos y máximos.
- Leyes sobre publicidad de precios.
- Leyes de exposición y etiquetado del precio.
- Leyes de exposición de precios unitarios.

4. Gestión de precios internacionales

El precio es un aspecto fundamental de la estrategia de marketing. El precio del producto afecta a su imagen y a la percepción conjunta de la marca. Los consumidores tienden a asociar precio y calidad, constituyendo, por lo tanto, el precio un indicador de calidad para muchos clientes. De esta forma, un bajo precio puede ser asociado a baja calidad y un precio alto a buena calidad del producto.

Las empresas en la actualidad suelen comercializar una gama completa de productos a muy distintos grupos poblacionales. Es frecuente que un mismo producto tenga diferentes precios en función del comprador del momento en que se compra o de múltiples aspectos relacionados con la zona de venta y las circunstancias de la venta. Por ejemplo, en el caso del trasporte aéreo, el precio pagado por un mismo asiento de avión en una aerolínea puede ser distinto dependiendo del perfil del cliente, si se trata de un ejecutivo poco sensible al precio o un estudiante, si se compra tiquete de ida y regreso o dependiendo del canal a través el cual se compra. Por ejemplo, si se compra a través de agencias o plataformas digitales.

Las propias estrategias competitivas hacen que muchas empresas gestionen varias marcas de un tipo de producto con precios muy distintos. Por ejemplo, una multinacional que fabrica papel higiénico gestiona tres marcas con tres niveles de precios distintos. Una marca con muy buena imagen y gran apoyo publicitario que se vende muy cara y con gran margen, una marca de valor con un precio mucho más barato y que posibilita comprar en mayores cantidades para ahorrar y una marca muy barata para competir con proveedores locales de menor precio.

Por tanto, la gestión de los precios en una empresa internacional suele ser una gestión de múltiples precios que es preciso gestionar de forma conjunta. Es frecuente que un mismo producto tenga múltiples precios en un mismo mercado e igualmente distintos en los diferentes mercados.

5. Modalidades de venta internacional

Una vez preparada la oferta, es momento de definir bajo qué modalidad de venta se desarrollará la operación comercial. Las autoridades aduaneras en Chile establecen que toda exportación debe indicar la modalidad de venta que definirá las acciones a seguir para emitir facturas, liquidar las divisas, efectuar retornos y emitir informes de variación del valor. Cualquiera sea esta, debe quedar estipulada en el documento único de salida (DUS).

Las ventas internacionales se pueden efectuar bajo las siguientes modalidades:

A. Venta firme	• Bajo esta modalidad, el valor de la mercancía no permite variaciones después de que el exportador ha pactado un precio con el comprador. La factura de exportación es emitida a la fecha del embarque. Es una modalidad válida para cualquier mercadería.

B. Venta bajo condición	• El valor de la mercadería depende del cumplimiento de determinadas condiciones convenidas entre el exportador y el comprador. • Esta modalidad sirve para productos como madera, frutas, semillas, cobre, entre otras.

C. Venta en consignación libre	• El valor de la mercancía es referencial, ya que es enviada a un agente o consignatario en el extranjero, quien la recibe y sigue con la venta, según las instrucciones del exportador o de lo que ambos hayan convenido. • El precio definitivo de la mercancía se fijará de acuerdo con los precios corrientes del mercado internacional al momento de concretar la operación. La factura comercial es emitida a la fecha de recepción de la liquidación del consignatario en el exterior.

D. Venta en consignación con mínimo a firme	• Se mantiene un mínimo del valor de la mercancía. El valor definitivo depende del cumplimiento de determinadas estipulaciones convenidas entre el exportador y el comprador. • La emisión de la factura comercial es a la fecha del embarque por el valor mínimo firme. Una vez fijado el precio definitivo, es necesario emitir una nueva factura por el mayor valor obtenido.

Conceptos Clave

Concepto	Definición
Costo operacional	Conjunto de gastos directos e indirectos asociados a la ejecución de actividades de comercio internacional.
Valor	Percepción del beneficio que un consumidor obtiene al adquirir un bien o servicio.
Precio	Cantidad monetaria que el comprador paga por un producto o servicio en el mercado.
Costos directos e indirectos	Clasificación de los costos según su relación con el producto: directos (producción/exportación) e indirectos (administrativos, financieros).
Documentación aduanera	Conjunto de documentos requeridos para formalizar operaciones de importación o exportación (ej. DIN, DUS, factura comercial).
Modalidades de venta internacional	Formas contractuales bajo las cuales se realiza una operación de exportación (venta firme, bajo condición, en consignación, etc.).
Estrategias de fijación de precios	Métodos utilizados para establecer precios internacionales, basados en costos, demanda, competencia o ciclos de mercado.

Concepto	Definición
Costos logísticos	Gastos relacionados con transporte, almacenamiento, manipulación, seguros y otros servicios logísticos.
Gestión de precios internacionales	Proceso estratégico de establecer y ajustar precios en mercados internacionales considerando factores internos y externos.
Factores complementarios al precio	Elementos que influyen en la percepción del precio, como condiciones de pago, garantías, servicios postventa y personalización del producto.

Referencias bibliográficas

- Alvarado González, G. (2015). Comercio internacional. Grupo Editorial Éxodo. Obtenido de: https://ezproxy.unisimon.edu.co: 2258/es/lc/unisimon/titulos/130335.
- Bernal Turnes, P. Mercado Idoeta, C. (2015). Técnicas y prácticas de comercio exterior. Dykinson.
- Cabrera Cánovas, A. (2020). Manual de uso de las reglas Incoterms. Marge Books.
- Greco, O. (2009). Diccionario de comercio exterior. Valletta Ediciones.
- La Fuente, F. (2012). Aspectos del comercio exterior. EUMED.
- Peña Andrés, C. (2016). Negociación para el comercio internacional. Marge Books.
- Perilla Gutiérrez, R. (2010). Manual para importadores y exportadores. Santafé de Bogotá. Guadalupe Ltda.
- Pinilla Barcelona, J. (2018). Manual técnico de comercio exterior. Bubok Publishing S.L.
- Prochile. (2022). Guía de exportación de bienes, Republica de Chile.
- Quintana, R. Donoso, M. Kusactay, V. Chagerben, W. Espinoza, J. (2021). Introducción al Comercio Exterior. Liveworkingeditorial. com.
- Soler, D. (2021). Guía práctica de las reglas Incoterms. Derechos y obligaciones sobre las mercancías en el comercio internacional.
- Valenzuela Millán, R. (2013). Tópicos del comercio exterior chileno. Santa Fe. Argentina. El Cid Editor.

Capítulo 5

Logística internacional

Objetivo de aprendizaje

Comprender el papel estratégico de la logística internacional en la gestión de la cadena de suministro global, identificando sus funciones, evolución e impacto en la competitividad empresarial.

Resultado de aprendizaje

Al finalizar el capítulo, el estudiante será capaz de explicar los conceptos fundamentales de la logística internacional, analizar su evolución histórica, identificar sus funciones clave y valorar su importancia en la gestión organizacional y en el comercio global.

Introducción

La logística internacional se ha consolidado como un componente estratégico esencial para la competitividad de las organizaciones. Ya no se trata únicamente de transportar productos de un punto a otro, sino de gestionar de manera eficiente y coordinada el flujo de bienes, servicios e información a lo largo de toda la cadena de suministro, desde el proveedor hasta el consumidor final. Esta gestión integral permite a las empresas responder con agilidad a las demandas del mercado, optimizar sus recursos y reducir costos operacionales.

En el comercio internacional, la logística adquiere una dimensión aún más compleja debido a factores como las regulaciones aduaneras, los acuerdos comerciales, las diferencias culturales y las distancias geográficas. Por ello, una gestión logística eficaz no solo garantiza la entrega oportuna de productos, sino que también contribuye a la construcción de relaciones comerciales sostenibles y a la expansión de las empresas en mercados globales.

Este capítulo ofrece una visión general de la logística internacional, abordando su definición, evolución histórica, funciones clave y su impacto en la gestión organizacional. Su comprensión es fundamental para cualquier empresa que aspire a competir en un entorno económico cada vez más interconectado y exigente.

1. Concepto de logística

Actualmente, se pueden encontrar diversidad de conceptos de Logística en diferentes fuentes de consulta. Algunos pueden orientar su concepto hacia las actividades de aprovisionamiento, otros piensan en logística como el almacenamiento de bienes y para otros la logística se encarga del sistema de trasporte y distribución de mercancías.

Todos los enfoques están en lo correcto. La diferencia radica en que el término es empleado de forma genérica al conjunto de medios y métodos necesarios para llevar a cabo un conjunto de tareas, enfocado en algunos casos en las tareas de movimiento, abastecimiento o distribución. Esta concepción toma en consideración exclusivamente una parte del concepto. Sin embargo, la logística es un proceso coordinado que integra muchos componentes de las operaciones de una organización influenciando todas las áreas funcionales de la empresa.

De acuerdo con el *Council of Supply Chain of Management Professionals*, (Gibson et al, 2020), **Logística** es aquella parte de la gestión de la Cadena de Suministro que planifica, implementa y controla el flujo (hacia atrás y adelante) y el almacenamiento eficaz y eficiente de los bienes, servicios e información relacionada desde el punto de origen al punto de consumo con el objetivo de satisfacer los requerimientos de los consumidores. Por su parte Betancour (2012) la define como el proceso de planificar, implementar y controlar el flujo y almacenaje de materias primas, productos semielaborados o terminados y de manejar la información relacionada desde el lugar de origen hasta el lugar de consumo, con el propósito de satisfacer los requerimientos de los clientes.

La logística aplicada al campo empresarial es definida por Ballou (2010) como aquellos movimientos y almacenamientos que facilitan el flujo de productos desde el punto de compra de los materiales hasta el punto de consumo, así como los flujos de información que se ponen en marcha con el fin de dar al consumidor el nivel de servicio adecuado a un costo razonable. En ese mismo sentido, Lambert (2008) considera que la Logística es la parte de la gestión de la cadena de suministro que planifica, implementa y controla el flujo eficiente y efectivo de materiales y el almacenamiento de productos, así como la información asociada desde el punto de origen hasta el de consumo con el objeto de satisfacer las necesidades de los consumidores.

De lo anterior, se puede concluir que la logística es un sistema compuesto por una serie de funciones interdependientes que varían de una organización a otra, constituyendo uno de los factores más importantes de la competitividad, ya que puede decidir el éxito o el fracaso de la comercialización de un producto y generalmente involucra los siguientes procesos:

- Prospectiva
- Compras.
- Transporte.
- Almacenamiento.
- Inventarios.
- Distribución.
- Servicio al cliente.

2. Evolución del concepto de logística

Como ciencia, tiene sus orígenes en el campo militar y comprende operaciones coordinadas de apoyo para las unidades de combate. La logística comprende la obtención, el mantenimiento y el transporte de personal militar, suministros y equipo. La complejidad de la guerra moderna necesita un vasto apoyo logístico en una división de combate, uno de cada cuatro hombres desarrolla ese tipo de funciones, estas incluyen el movimiento de fuerzas militares y su concertación en relación con la alimentación, el alojamiento y los suministros sanitarios.

Los orígenes de la logística aplicados a la actividad empresarial se remontan a la década de los cincuenta. Una vez concluida la segunda guerra mundial, la demanda creció en los países industrializados y la capacidad de distribución era inferior a la de venta y producción y los canales de distribución comenzaron a ser obsoletos.

La distribución física tenía que ser eficiente y representar rentabilidad en lugar de gastos, experimentando nuevos sistemas de distribución, los cuales comenzaron a tener identidad propia dentro de la estructura de la organización controlando el almacenamiento, el transporte y en parte el manejo de pedidos. Inicia entonces a aplicarse la ciencia logística en aquellas actividades relacionadas con la adquisición y suministro de materiales requeridos para cumplir una misión.

A partir de la década de los 50 adquiere mayor trascendencia la logística, debido a la transición que pasan los países más desarrollados con una economía caracterizada por la extralimitación de demanda a una economía con extralimitación de oferta. Esta época se caracteriza por la previsión de servicios de venta y la planificación de producción sin descartar la atención prestada a los problemas minoritarios como el almacenamiento de materiales y resguardo de reservas o *stock* de seguridad en los almacenes, así como también el asunto de la distribución.

En 1961 Bowersox et al publican el primer libro de logística empresarial, evidenciando los beneficios de la gestión integral de la logística, haciendo referencia a la planificación del diseño eficiente de fábricas y almacenes para la optimización de los movimientos y tiempos de desplazamiento, argumentando que los costos de distribución física representan un porcentaje significativo de la actividad de comercialización.

A mediados de los sesenta, los empresarios comenzaron a comprender que la reducción de inventarios y cuentas por cobrar aumentaba el flujo de caja y vieron que la rentabilidad podía mejorar, si se planeaban correctamente las operaciones de distribución. A finales de esta misma década aparece el concepto de gestión de materiales, desarrollado a partir de una situación de escasez y discontinuidad de los suministros, pero cuyo fin era el mismo: proporcionar un determinado nivel de servicio con un costo social mínimo.

Hacia la década de los años setenta la reducción del costo de la tecnología de información permitió a los gerentes concentrarse más en el mejoramiento de la calidad operativa. En esta etapa se cambiaron prácticas para el ordenamiento de pedidos. Es así como surge el concepto de *Just In Time* (JIT), es decir, una entrega precisa con la cantidad exacta, cuándo y dónde se necesitara para satisfacer los requerimientos de cada cliente. El concepto JIT se implantó esencialmente en procesos de manufactura y se consolidó en los sectores aeronáutico y espacial, automotriz y de electrodomésticos.

A partir de 1980, se consolida la logística como consecuencia de la incertidumbre generada por la recesión económica característica de la década. Se hace indispensable una gerencia de todo el proceso de distribución. Los gerentes de logística comenzaron a medir y reportar el desempeño operativo en términos financieros, en particular midiendo el desempeño de la logística por generación de ganancias, por reducción de capital de trabajo, etcétera.

A partir de la década de los años noventa se consolidó el área logística con el desarrollo de gran cantidad de adelantos tecnológicos en áreas como la electrónica, la informática, la mecánica y la robótica, los cuales han simplificado la administración de la cadena de abastecimiento.

Estas tecnologías han sido fundamentales en la consolidación del área logística dentro de la organización, los avances en este campo han permitido reducir los ítems más importantes que conforman los costos operacionales que afectan la rentabilidad final del producto.

El nuevo milenio trae consigo nuevos retos para las organizaciones, se desarrollaron relaciones muy cercanas con los clientes, sobre todo con los denominados "clientes estratégicos" y se puso más énfasis en establecer alianzas con los proveedores, todo con el afán de aumentar el control logístico total sobre la empresa. Esta necesidad creció debido a la globalización del mercado y la producción.

En los últimos diez años la función logística empresarial ha tomado fuerza debido a que los mercados se han vuelto más exigentes, la integración y la globalización son un hecho, las firmas tienen que competir con empresas de todo el mundo y deben atender de la mejor manera a todos y cada uno de los clientes. Además, la aparición de nuevas tecnologías de información ha traído como consecuencia menores tiempos y costos de transacción. Esto ha obligado a las empresas a tomar más en serio la gestión logística si es que se quieren seguir siendo competitivas. Durante este periodo, con el avance de las TICs y la evolución de los medios de trasporte, la logística cada vez ha migrado a procesos más automatizados y sistematizados, incorporando inclusive herramientas de inteligencia artificial para el desarrollo de las operaciones logísticas.

Por otro lado, la tecnología está poniendo todos los elementos sobre la mesa para que las personas no tengan la necesidad de salir de sus casas para adquirir productos. Sin embargo, todavía existen organizaciones que no se han concientizado de la imperiosa necesidad de contar con un sistema logístico. Esta tendencia es más marcada en Latinoamérica donde el sector productivo está compuesto en su mayoría por PYMES.

En conclusión, podemos afirmar que la logística es una ciencia milenaria que inicialmente fue aplicada al campo militar. Sin embargo, su desarrollo en el sector productivo inicia cuando los empresarios se ven en la necesidad de cambiar el enfoque tradicional de efectuar las tareas de aprovisionamiento, almacenamiento y trasporte de forma aislada, integrando las actividades para desarrollarlas de manera coordinada, aportando mayor eficiencia a las operaciones de la organización.

3. Importancia de la logística en la gestión organizacional

La importancia de la logística, según Castellanos (2015), radica en la necesidad de mejorar el servicio a un cliente optimizando la fase de mercadeo y transporte al menor costo posible.

Algunos de los beneficios que pueden derivarse de la gerencia logística en una organización son las siguientes:

- La logística contribuye a separar geográficamente el consumo y la producción.
- Un sistema logístico eficiente permite desarrollar ventajas competitivas.
- La logística es el puente entre la producción y el mercado.
- Genera economías de escala permitiendo disminuir los costos operacionales.
- Optimiza la gestión logística comercial nacional e internacional.
- Sincroniza todos los factores que influyen en la decisión de compra: calidad, confiabilidad, precio, empaque, distribución, protección, servicio.
- Incrementa la competitividad y mejora la rentabilidad de las empresas en mercados globalizados.

4. Gestión Global de la cadena de Suministros

Los altos niveles de competencia en los mercados nacionales e Internacionales han llevado a las empresas a la conclusión de que, para sobrevivir y tener éxito, ya no basta mejorar sus operaciones ni integrar sus funciones Internas. Es necesario ir más allá de las fronteras de la empresa e iniciar relaciones de intercambio de información, materiales y recursos con proveedores y clientes en una forma mucho más integrada, utilizando enfoques innovadores que beneficien conjuntamente a todos los actores de la cadena de suministros.

Por **Cadena de Suministro** o "S*upply Chain*" se entiende la compleja serie de procesos de intercambio o flujo de materiales y de información que se establece, tanto dentro de cada organización o empresa como fuera de ella, es decir, el flujo de información y de materiales va desde el proveedor de primer nivel pasando por proveedores de segundo y tercer nivel (según la complejidad de la SC) para llegar a la manufactura y culmina en el consumidor final.

La tendencia en materia de gestión logística en el mercado internacional es la creación de cadenas de suministro globales, dado que permite a las empresas generar economías de escala logrando optimizar sus costos a través de la contratación de operadores logísticos especializados que le permiten a la organización centrarse en los procesos primarios alcanzando mayores niveles productividad y competitividad a partir de la tercerización de procesos secundarios, al tiempo que facilitan la entrada a nuevos mercados.

La gestión global de la cadena de suministro implica planificar el funcionamiento integral de todo el proceso logístico con el objetivo de generar un nivel óptimo de servicio al cliente y, al mismo tiempo, ser lo más rentable posible. Para ello, se requiere aunar esfuerzos con todos los actores que intervienen en el proceso. Esto implica un enfoque multidimensional involucrando capital humano, procesos y tecnología.

Capital humano

Las personas son el eje central del éxito organizacional. Las habilidades técnicas, humanas y cognitivas son un factor diferencial para gestionar los procesos logísticos. Deben tener una visión clara de las metas y estrategia comercial de la empresa.

Procesos

Los procesos en la gestión de la cadena de suministro son las acciones que se realizan con el objetivo de satisfacer a los clientes. Incluyen todas las funciones involucradas en la cadena de suministro: abastecimiento, distribución, transporte, almacenamiento, ventas y servicio al cliente. También, incluyen todas las acciones realizadas por empresas externas que forman parte de la cadena de suministro.

Tecnología

La tecnología permite articular personas y procesos. La selección e implementación cuidadosa de las tecnologías que emplea la organización es esencial para el éxito de la cadena de suministro.

5. Ventajas de la gestión global de la cadena de suministro

En el mercado global moderno, los avances en las tecnologías de comunicaciones y transporte han llevado a los clientes a esperar un suministro constante y regular de productos en buenas condiciones al precio más bajo posible, a pesar de las largas distancias en las que se envían la mayoría de los productos, materias primas y alimentos.

Las empresas siempre deben buscar formas de mejorar el funcionamiento de sus cadenas de suministro para garantizar que su suministro satisfaga las demandas proyectadas de manera rentable. Si no producen suficiente producto para satisfacer la demanda, perderán clientes. Si producen demasiado producto, deben pagar el costoso almacenamiento del exceso de inventario, que es posible que no puedan vender. Si los suministros no se obtienen con cuidado y la producción no se supervisa, las empresas podrían enfrentarse a retiradas o devoluciones masivas de productos. Estos pueden resultar en la ruina financiera de una empresa.

La gestión global de la cadena de suministro tiene representa oportunidades de crecimiento para las empresas dentro de los cuales se pueden resaltar los siguientes:

- Permite a las organizaciones reaccionar rápidamente ante condiciones imprevistas del mercado.
- Ayuda a optimizar los procesos de distribución y trasporte.
- Tiene un efecto directo en la reducción de los costos operacionales y el incremento de la rentabilidad.
- Permite eliminar los desperdicios.
- Reduce la cantidad de devoluciones y errores en las entregas.
- Genera mayor eficiencia en los tiempos de entrega a los clientes.

Estos modelos de gestión global de la cadena de suministros pueden estar disponibles incluso para *Pymes* y su adopción puede acelerar su crecimiento en el mediano plazo.

6. Funciones de la logística internacional

Las funciones logísticas son las actividades y procesos involucrados en la planificación, implementación y control de la cadena global de suministros. Estas funciones son críticas para brindar un óptimo servicio al cliente.

Las principales funciones logísticas en la gestión global de la cadena de suministro son:

a). - Prospectiva de ventas internacionales

La prospectiva de ventas internacionales es un proceso de análisis y predicción del comportamiento del mercado y la demanda de productos o servicios en un contexto internacional. Se trata de una herramienta que permite a las empresas anticipar las tendencias y oportunidades de negocio en los mercados extranjeros, y así planificar sus estrategias de venta y *marketing* de manera efectiva.

La prospectiva de ventas internacionales implica una evaluación detallada de factores como la situación económica y política de los países, las tendencias culturales y de consumo, la competencia y las regulaciones comerciales. A través de este análisis, se pueden identificar oportunidades y desafíos para la venta de productos o servicios en el extranjero y diseñar estrategias de expansión y penetración de mercado.

b). - Abastecimiento

Las estrategias de abastecimiento global pueden ayudar a las empresas a mejorar la eficiencia, reducir los costos y mejorar la calidad de los materiales y productos adquiridos. La selección de la estrategia adecuada depende de factores, tales como la naturaleza de la empresa, los mercados en los que opera y los requisitos de sus clientes.

La función de abastecimiento es fundamental en la gestión global la cadena de suministro que se encarga de gestionar el flujo de materiales y bienes desde los proveedores hasta la empresa o negocio. Esta función es esencial para garantizar la disponibilidad de los materiales y productos necesarios para la operación de la empresa permitiendo a las organizaciones adquirir los materiales y productos necesarios a nivel mundial para su operación. Esta función implica la realización de una serie de procedimientos, tales como:

- Identificar y evaluar proveedores potenciales de diferentes regiones geográficas y seleccionar los más adecuados para satisfacer las necesidades de la empresa y reducir el riesgo de dependencia de un solo proveedor.

- Negociar los términos y condiciones de los contratos con los proveedores, tales como precios, plazos de entrega, garantías, entre otros.
- Realizar las compras necesarias de materiales y productos, coordinando con los proveedores internos y externos para asegurar que los materiales y productos sean entregados a tiempo y en las condiciones acordadas.
- Controla los niveles de inventario, asegurándose de que los materiales y productos estén disponibles en la cantidad adecuada y en el momento oportuno.
- Mantener las relaciones cercanas con los proveedores, monitoreando su desempeño y asegurándose de que cumplan con los términos del contrato.

c). - Almacenamiento

Es aquella función logística que permite mantener cercanos los productos a los distintos mercados permitiendo regularizar la producción, ajustar los niveles de inventario a la demanda y optimizar el servicio a través del equilibrio de la escasez y el exceso. Esta función es esencial para garantizar la disponibilidad de los productos y materiales necesarios en el momento adecuado. Esta función logística implica una serie de actividades y procesos, tales como:

- Recibir los materiales y productos de los proveedores y de verificar su calidad y cantidad.
- Almacenar los materiales y productos de manera adecuada y de gestionar los niveles de inventario para garantizar la disponibilidad de los productos y materiales necesarios.
- Satisfacer los movimientos diarios de entradas y salidas de bienes definidos por las necesidades de compra y expedición.
- Preparar los pedidos de los clientes y de asegurarse de que los productos sean entregados en el momento adecuado.
- Minimizar el tiempo de recorrido de los equipos y la mano de obra.
- Actualizar los sistemas para la gestión y el control de la operación del almacén.
- Mantener el almacén limpio, ordenado y seguro para garantizar la eficiencia y la seguridad de las operaciones de almacenamiento.

d). - Distribución física internacional

La Distribución Física Internacional (DFI) es un proceso logístico que consiste en torno a situar un producto en el mercado internacional cumpliendo con los términos negociados entre el vendedor y el comprador. Su objetivo principal es reducir al máximo los tiempos, los costos y el riesgo que se puedan generar durante el trayecto desde el punto de salida en origen hasta el punto de entrega en destino.

Comprende todas las operaciones necesarias para viabilizar el traslado físico de un producto desde el local del exportador hasta el local del importador. La función de distribución ejecuta el trabajo de desplazar los bienes de los productores a los consumidores. Hace referencia al conjunto de actividades y procesos involucrados en la entrega de productos desde un país de origen hasta un país de destino en un mercado internacional. Esta función logística es crítica para las empresas que operan en mercados globales, ya que garantiza que los productos se entreguen en los plazos previstos y en buenas condiciones. Esta función implica la gestión de una variedad de actividades y procedimientos, tales como:

- Seleccionar el modo de transporte determinando la opción más apropiada de acuerdo con las características específicas del producto, el mercado.
- Embalar y etiquetar adecuadamente los productos, garantizando que los productos lleguen en buenas condiciones. La DFI implica la selección de materiales de embalaje y marcaje adecuado para cada tipo de producto.
- Gestión de documentos y trámites aduaneros, como la factura comercial, la declaración de aduanas y los permisos de importación y exportación.
- Seguimiento y monitoreo de los envíos en tiempo real para garantizar que se entreguen en el plazo previsto y que se respeten los términos del contrato de entrega.

Conceptos Clave

Concepto	Definición
Logística	Gestión del flujo de bienes, servicios e información desde el origen al consumo.
Cadena de suministro	Red de procesos y actores que participan en la producción y entrega de un bien.
Just In Time (JIT)	Estrategia de producción y entrega justo a tiempo, sin inventarios innecesarios.
Distribución física internacional	Proceso logístico de traslado de productos entre países.
Abastecimiento global	Estrategia de adquisición de insumos desde proveedores internacionales.
Prospectiva de ventas	Análisis de tendencias y demanda en mercados internacionales.
Almacenamiento	Gestión de inventarios y espacios para garantizar disponibilidad de productos.
Tercerización logística	Delegación de funciones logísticas a operadores externos especializados.
Capital humano logístico	Personas con habilidades técnicas y estratégicas para gestionar la logística.
Tecnología logística	Herramientas digitales que optimizan procesos logísticos y de cadena de suministro.

Referencias Bibliográficas

- Castellanos Ramírez, A. (2015). Logística comercial internacional. Barranquilla, Universidad del Norte.
- Muñoz Zuluaga, R. Mora García, L. A. (2009). Diccionario de logística y negocios internacionales (3a. ed.). Ecoe Ediciones.
- Robusté Antón, F. (2015). Logística del transporte. Universidad Politécnica de Catalunya.

- Castellanos Ramírez, A. (2009). Manual de gestión logística del transporte y distribución de mercancías. Universidad del Norte.
- Ballou, R. H. (2010). Logística: Administración de la cadena de suministro. Pearson Educación.
- Chopra, S. Peter, M. (2008). Administración de la cadena de suministro. Pearson Educación.
- Bowersox, D. J. Smykay, E. La Londe, B. (1968). Physical distribution management: logistics problems of the firm. New York: Macmillan.
- Gibson, B. J. Mentzer, J. Cook, R. (2005). Supply chain management: the pursuit of a consensus definition. Journal of business logistics.
- Lambert, D. M. García-Dastugue, S. Croxton, K. (2008). The role of logistics managers in the cross-functional implementation of supply chain management. Journal of business logistics.
- Betancour, O. (2012). Logística. Conceptualización y tendencias actuales. Observatorio de la Economía Latinoamericana.

Capítulo 6

Términos de comercio internacional - INCOTERMS

Objetivo de aprendizaje

Comprender el uso de los INCOTERMS como herramienta facilitadora del comercio internacional, para aplicarlos adecuadamente en contextos de negociación internacional, identificando las responsabilidades, riesgos y costos que asumen comprador y vendedor en una operación de compraventa.

Resultado de aprendizaje

Al finalizar el capítulo, el estudiante será capaz de: Interpretar y aplicar adecuadamente los INCOTERMS 2020 en contratos de compraventa internacional, diferenciando sus categorías según el tipo de transporte y comprendiendo las obligaciones específicas de las partes involucradas, con el propósito de minimizar riesgos y facilitar negociaciones comerciales globales.

Introducción

En el contexto del comercio internacional, donde las transacciones entre países son cada vez más frecuentes, complejas y sujetas a múltiples variables logísticas, jurídicas y culturales, se hace indispensable contar con un lenguaje común que facilite la negociación y reduzca los riesgos de malentendidos. En este escenario, los INCOTERMS —términos internacionales de comercio— se consolidan como una herramienta esencial para establecer con claridad las obligaciones, responsabilidades, costos y riesgos que asumen el comprador y el vendedor en una operación de compraventa internacional.

Toda operación comercial internacional se formaliza a través de un contrato de compraventa, en el cual se estipulan las condiciones de entrega de la mercancía. Sin embargo, las diferencias en los usos comerciales, los marcos legales y los idiomas pueden generar ambigüedades que deriven en conflictos o litigios. Para evitar estas situaciones, la Cámara de Comercio Internacional (CCI), con sede en París desde su fundación en 1919, desarrolló los INCOTERMS como un conjunto de reglas estandarizadas que permiten armonizar criterios y facilitar el entendimiento entre las partes.

Los INCOTERMS no solo definen el punto de entrega de la mercancía, sino también la distribución de los gastos, la transmisión del riesgo y las obligaciones documentales. Aunque su uso no es obligatorio, su aplicación está ampliamente extendida y reconocida por empresas, operadores logísticos, asesores jurídicos y agentes financieros en más de 130 países.

Este capítulo aborda el origen, evolución, estructura y clasificación de los INCOTERMS, así como su aplicación práctica en distintos contextos comerciales. Su comprensión es fundamental para quienes participan en el comercio exterior, ya que permite negociar con mayor seguridad, eficiencia y previsibilidad en un entorno globalizado.

Conceptualización de los INCOTERMS

Las operaciones comerciales internacionales tienen su origen en un contrato de compraventa internacional entre importador y exportador, en el cual se estipulan las cláusulas por las que se regulará dicha operación comercial (condiciones de entrega). La economía global ha dado a los negocios un acceso amplio, jamás conocido, a los mercados de todo el mundo. Las mercancías se venden en más países y en mayores cantidades y variedad. Pero, a medida que aumenta el volumen y la complejidad de las ventas internacionales, también se incrementan las posibilidades de malentendidos y litigios costosos cuando los contratos de compraventa no se redactan adecuadamente.

Con el ánimo de crear un lenguaje universal de comercio que simplificara las operaciones comerciales internacionales la Cámara de Comercio Internacional (CCI) estableció los INCOTERMS. La CCI es la organización empresarial que representa mundialmente intereses empresariales, se constituyó en París en 1919 donde tiene su sede social. Su finalidad es actuar a favor de un sistema de comercio e inversiones abierto y crear instrumentos que lo faciliten.

Los términos INCOTERMS son términos estandarizados que se utilizan para cualquier operación de comercio internacional como herramienta básica de entendimiento entre compradores y vendedores internacionales. Estos términos deben ser conocidos e interpretados por los comerciantes, los operadores logísticos, los asesores jurídicos, el personal administrativo, los agentes financieros y todos los negociadores que participan en las transacciones comerciales y mercantiles a nivel internacional.

INCOTERMS, son las iniciales de International Comercial Trade Terms. Se puede considerar como una codificación internacional de las definiciones de la forma de expedición, transporte y de entrega acordados entre vendedor y comprador.

Definen el punto hasta el cual el vendedor es responsable de la mercancía y cuáles son los gastos a su cargo, que, por lo tanto, estarán incluidos en el precio de venta.

Tienen por objeto facilitar un conjunto de reglas internacionales de carácter facultativo que determinen la interpretación de los principales términos utilizados en los contratos de compraventa internacional.

El uso de INCOTERMS en un contrato de compraventa no es obligatorio, pero su uso está generalizado, puesto que unifican los criterios y la terminología a utilizar entre las partes. Se pueden definir como el lenguaje común del comercio internacional.

Los INCOTERMS regulan los cuatro grandes problemas que conlleva toda transacción comercial, los cuales son los siguientes:

- La entrega de las mercancías.
- La trasmisión de los riesgos.
- La distribución de los gastos.
- Los trámites documentales.

De esta forma, en caso de conflicto quedan claramente delimitadas las responsabilidades y obligaciones de las partes que intervienen en una operación, comprador (importador) y vendedor (exportador).

Fueron creados en 1936 por la Cámara de Comercio Internacional y se han actualizado regularmente en los años 1974, 1976, 1980, 1990, 2000 y 2010 para adecuarse al desarrollo del comercio internacional con el propósito de adaptarlos a las prácticas comerciales acordes a la evolución del comercio. Por tal razón cada 10 años aproximadamente la Cámara de Comercio Internacional hace una revisión de los INCOTERMS con el fin de actualizarlos y adaptarlos a los requerimientos y necesidades del comercio mundial que vive en permanente evolución. La última versión fue lanzada en septiembre de 2010 y entraron en vigor a partir del 1 de enero de 2011.

Los INCOTERMS 2010 son agrupados principalmente en dos categorías, de acuerdo con el medio de trasporte, tal como se indica en la siguiente tabla:

Tabla 1: INCOTERMS 2010 y clasificación de acuerdo con el medio de transporte

Reglas para cualquier modo de trasporte	Reglas para trasporte marítimo y vías acuáticas
• CIP – Carriage and Insurance Paid. • CPT – Carriage Paid To. • DAP - Delivered At Place. • DPU – Delivered At Place Unloaded. • DDP – Delivered Duty Paid. • EXW – Ex Works. • FCA – Free Carrier.	• CFR – Cost And Freight. • CIF – Cost Insurance And Freight. • FAS – Free Alongside Ship. • FOB – Free On Board.

Importancia

Debido a las diferencias culturales, económicas, políticas y sociales, entre otras, existentes entre compradores y vendedores a nivel mundial, los INCOTERMS son estándares que distribuyen el riesgo, costo y lugar de entrega de una mercancía entre compradores (importadores) y vendedores (exportadores.

La importancia de esta terminología radica en el establecimiento de reglas claras entre las distintas partes que firman un contrato de compraventa internacional, es decir, el vendedor (exportador) y el comprador (importador), determinando las responsabilidades de cada uno en cada fase del proceso de negociación, cumpliendo las siguientes funciones:

- Facilitar la interpretación uniforme, mediante reglas internacionales, de los principales y más corrientes términos comerciales utilizados en los contratos de compraventa internacionales.
- Aportar firmeza, seguridad y certeza a la hora de negociar los contratos de compraventa internacionales, empleando términos que vienen regulados en su significado por reglas internacionales dictadas por la CCI.
- Son un método de identificación mediante una denominación común, que como fórmula aplicable evita discusiones y malentendidos.
- Es un método de armonización que todos entienden y para todos significa igual.
- Ahorro de tiempo y celeridad en las transacciones comerciales internacionales.
- Son fruto de la autonomía de la voluntad de los contratantes.

- Anulan distancias y superan barreras lingüísticas y usos comerciales de carácter local.
- Las reglas fijan de forma simple, pero clara y directa, las obligaciones de las partes (comprador y vendedor).
- Las normas encierran cláusulas de "entrega", "riesgo", "gastos", "precio" y "cotización".
- Solo se refieren a términos comerciales usados en los contratos de compraventa y, por consiguiente, no se trata de términos que puedan usarse en contratos de transporte.
- Los INCOTERMS fijan mínimos y están ajustados en sus propios términos, pudiendo las partes intervinientes incrementar otras obligaciones que se adicionen a las reglas básicas establecidas.
- Obligan y vinculan, de forma exclusiva y excluyente, a las dos partes directamente relacionadas en toda compraventa (comprador y vendedor), sin que las obligaciones sean extrapolables a terceros, aunque pueden involucrase en la operación (seguros, porteadores).
- En caso de litigio, son de valiosa ayuda para conocer quién ha cumplido sus obligaciones y quién ha dejado de asumir sus compromisos.
- Las partes optarán por INCOTERMS que más se acomode a sus exigencias y circunstancias.
- Están concebidos para ser utilizados en las ventas en las que las mercancías traspasen las fronteras.

Alcance

Los términos de comercio internacional (o INCOTERMS) definen o determinan responsabilidades entre comprador y vendedor, de acuerdo con los siguientes aspectos:

- Documentos.
- Costos de transporte.
- Trasmisión del riesgo.
- Seguros de la mercancía.

Pero no definen:

- Ni la forma de pago de la operación.
- Ni la propiedad de la mercancía.

Principios

1. Definir con precisión las obligaciones de las partes intervinientes en la compraventa (comprador y vendedor).
2. Versar sobre prácticas generalizadas y aceptadas en el comercio exterior.
3. Establecer las obligaciones mínimas a las que se pueden añadir e incrementar otras que perfilen aún más los intereses comunes de las partes intervinientes en el contrato (exportador e importador).

Obligaciones de las partes

El uso de los INCOTERMS 2020 obligan a las partes a:

Para el vendedor:

- La entrega física de la mercancía en tiempo y forma (plazo estipulado y punto indicado, dependiendo del INCOTERM elegido que nos deberá marcar el punto convenido).
- Notificar e informar al comprador que se ha efectuado la entrega en el lugar convenido y dentro del margen de las fechas previstas.
- Obtener los permisos, licencias, certificados, despachos aduaneros, pago de aranceles, tasas, impuestos y otros que sean de su incumbencia para diligenciar la exportación y/o importación, dependiendo del INCOTERM elegido.
- Hacer frente a los gastos que le correspondan por estar incluidos en el precio ofertado, según el INCOTERM en el que se haya cotizado la operación.
- Ayudar al comprador, si este lo requiera, para facilitarle los datos y certificados a fin de obtener los documentos necesarios que fueran de su responsabilidad, según el INCOTERMS específico en el que se opere.
- Hacer frente a los gastos que le correspondan por estar incluidos en el precio ofertado, según el INCOTERM en el que se haya cotizado la operación.

Para el comprador:

- El pago de la mercancía, en los plazos y condiciones del contrato de compraventa.
- La recepción de la mercancía en el lugar y fecha concertados.

- Asumir los riesgos y responsabilidades de la mercancía desde el momento indicado en el INCOTERM establecido.
- Avisar, con la debida antelación, al vendedor, del porteador que va a realizar el transporte de la mercancía cuando le corresponda al comprador contratarlo.
- Hacerse cargo de los gastos por la obtención de documentos, llevada a cabo por el vendedor a su instancia y solicitud, por prestarle ayuda y asistencia.
- Informar al vendedor de la recepción de la mercancía.
- El pago de los gastos adicionales que le fueran imputados ante la falta de instrucciones precisas y concretas al vendedor y que fueran devengados por dicha circunstancia.
- Obtención de los permisos y autorizaciones oficiales de la exportación y/o importación (impuestos, aranceles) por el INCOTERM elegido.

Nota

Se admite que, en caso de que exista pleno acuerdo por ambas partes, el vendedor y el comprador pueden modificar las obligaciones de cada una de las partes reflejando en el contrato de compraventa estas modificaciones con toda claridad.

Modo de usarse

- Establecerse en el contrato comercial (así como en pedido y factura).
- [INCOTERM aplicable] lugar de entrega (lo más detallado posible) e indicar versión [INCOTERMS 2010].

Selección del INCOTERM

- Por el tipo de bien.
- Por el tipo de transporte.
- Por las obligaciones que se pretendan delegar.

Estructura de los INCOTERMS 2020

Las reglas INCOTERMS 2020 comprenden once reglas que se identifican por sus siglas en inglés. Es así como la siguiente tabla muestra la relación de dichas siglas con sus correspondientes descripciones en inglés y en español, desde la perspectiva de las obligaciones y las responsabilidades asumidas por la empresa vendedora.

Las reglas INCOTERMS pueden clasificarse en cuatro categorías que agrupan dichas reglas de acuerdo con la letra inicial de sus correspondientes siglas y según el lugar de entrega de la mercancía.

Tabla 2: Clasificación de las cuatro categorías de reglas INCOTERMS 2020

Salida (Departure):	Los vendedores entregan los bienes al comprador bajo sus propias condiciones.
Trasporte Principal Sin Pagar (Main Carriage Unpaid):	El vendedor entrega los bienes al trasportista, pero el comprador debe asumir el pago del flete.
Trasporte Principal Pagado (Main Carriage Paid):	El vendedor entrega los bienes al trasportista asumiendo el pago del flete.
Llegada (Arrival):	El vendedor asume todos los costos y riesgos requeridos para entregar la mercancía hasta el lugar de destino.

INCOTERMS 2010	
1. Grupo E - Salida (Departure):	
EX WORKS	EXW (Lugar Convenido)
2. Grupo F - Trasporte Principal Sin Pagar (Main Carriage Unpaid):	
Free Carrier	FCA (Lugar Convenido)
Free Alongside Ship	FAS (Puerto de Embarque Convenido)
Free On Board	FOB (Puerto de Embarque Convenido)
3. Grupo C - Trasporte Principal Pagado (Main Carriage Paid):	
Cost And Freight	CFR (Puerto Destino Convenido)
Cost Insurance and Freight	CIF (Puerto Destino Convenido)
Carriage Paid To	CPT (Lugar de Destino Convenido)
Carriage and Insurance Paid To	CIP (Lugar de Destino Convenido)
4. Grupo D - Llegada (Arrival):	
Delivered At Place	DAP (Lugar de Destino Convenido)
Delivered At Place Unloaded	DPU (Entregada en Destino Descarada)
Delivered Duty Paid	DDP (Lugar de Destino Convenido)

10 tips para trabajar con INCOTERMS 2020

1. RECUERDE: LOS INCOTERMS NO REMPLAZAN EL CONTRATO DE COMPRAVENTA.
   El vendedor y el comprador deben elaborar un contrato y establecer en una de sus cláusulas el INCOTERM correspondiente.
2. CONSIDERE EL TÉRMINO MÁS APROPIADO DE ACUERDO CON EL TIPO DE BIEN.
   En caso de realizar una exportación se debe escoger el trasporte más apropiado de acuerdo con las características de peso, dimensiones, volumen, vencimiento, etc.
3. CONSIDERE EL TÉRMINO ACORDE CON EL TRANSPORTE REQUERIDO
   Recuerde que algunos INCOTERMS son exclusivos para trasporte marítimo.
4. DECIDA QUIÉN ORGANIZARÁ EL TRANSPORTE.
   Tenga claro quién tiene mayor facilidad para organizar el trasporte principal antes de decidir el término a utilizar.
5. CONSIDERE LAS COSTUMBRES Y PRÁCTICAS LOCALES EN LOS PUERTOS SELECCIONADOS
   Si la mercancía es muy grande o requiere un manejo especial, debemos asegurarnos de que existan los equipos necesarios para la manipulación apropiada de la carga. Si el operador no cuenta con los equipos necesarios tendremos inconvenientes.
6. DECIDA QUIÉN ORGANIZARÁ EL SEGURO (SI ES REQUERIDO)
   Si desea transferir la responsabilidad del seguro al vendedor, debe utilizar los términos que incluyan el seguro, como CIP o CIF.
7. CONSULTE LAS NOTAS DE ORIENTACIÓN
   En caso de que los ICNOTERMS 2010 sean incorporados en el contrato de compraventa, las notas de orientación son de gran utilidad para decidir cuál es la mejor alternativa en la negociación.
8. ELIJA LA NORMA APROPIADA
   Luego de evaluar posibles las opciones, elija la más apropiada e incorpórela en el contrato de compraventa.
9. ESPECIFIQUE EL PUNTO DE ENTREGA CON LA MAYOR PRECISIÓN POSIBLE
   Al momento de determinar el punto de entrega tenga en cuenta que debe estipular claramente: El lugar convenido, el puerto, la ciudad.
10. INCORPORAR LOS INCOTERMS ® 2010 EN SU CONTRATO.
    Recuerde que el contrato de compraventa es el documento legal que respalda la negociación, por lo tanto, este debe incluir el ICOTERMS 2010 seleccionado.

Tabla 3: Tabla de empleo

Costos	EXW	FCA	FAS	FOB	CFR	CIF	CPT	CIP	DPU	DAP	DDP
Embalaje y Verificación	V	V	V	V	V	V	V	V	V	V	V
Carga	C	V	V	V	V	V	V	V	V	V	V
Transporte Interior (Origen)	C	V	V	V	V	V	V	V	V	V	V
Formalidades Aduaneras (exportación)	C	V	V	V	V	V	V	V	V	V	V
Manipulación (origen)	C	C	C	V	V	V	V	V	V	V	V
Transporte Principal	C	C	C	C	V	V	V	V	V	V	V
Seguro de la Mercancía	C	C	C	C	C	V	C	V	V	V	V
Manipulación (Destino)	C	C	C	C	C	C	C	C	V	V	V
Formalidades Aduaneras (importación)	C	C	C	C	C	C	C	C	C	C	V
Transporte Interior (Destino)	C	C	C	C	C	C	C	C	V	V	V
Recepción y Descarga	C	C	C	C	C	C	C	C	V	C	C

Tabla 4: INCOTERMS para transporte marítimo

INCOTERMS PARA TRASPORTE MARÍTIMO	FAS	FOB	CFR	CIF
CARACTERÍSTICAS	El vendedor asume el flete del transporte de la mercancía desde el puerto de origen acordado.	El vendedor asume el flete del transporte de la mercancía desde el puerto de origen acordado.	El vendedor paga el flete del transporte de la mercancía hasta el puerto de destino acordado.	El vendedor paga el flete del transporte de la mercancía hasta el puerto de destino acordado.
	El punto de entrega es igual al de transmisión del riesgo.	El punto de entrega es igual al de transmisión del riesgo.	El punto de entrega y del costo es diferente al de transmisión del riesgo.	El punto de entrega y del costo es diferente al de transmisión del riesgo.
	Incluye trámites de exportación.	Incluye trámites de exportación.	Incluye la carga en el buque, pero no la descarga.	Incluye la carga en el medio de transporte, pero no la descarga.
	No incluye la carga en buque.	Incluye la carga en el buque, pero no la descarga.	Incluye trámites de exportación.	Incluye seguro ordinario.
TRANSPORTE	No existe obligación alguna para el vendedor.	No existe obligación alguna para el vendedor.	El vendedor está obligado a la contratación del transporte.	El vendedor está obligado a la contratación del transporte.
SEGURO	No existe obligación alguna para el vendedor.	No existe obligación alguna para el vendedor.	No existe obligación alguna para el vendedor.	El vendedor está obligado a tomar una póliza a favor del comprador.
ENTREGA	El vendedor debe entregar los bienes a un costado del buque listo para la carga.	La mercancía se entrega libre a bordo. Incluye la carga en el medio de transporte.	El vendedor debe entregar los bienes cargados en el buque.	El vendedor debe entregar los bienes cargados en el buque.

COSTOS INCLUIDOS	Todo hasta que la mercancía es descargada en el muelle del puerto de origen.	Todo hasta que la mercancía es cargada en el buque.	Exportación, carga y trasporte principal.	Exportación, carga y trasporte principal.
DOCUMENTOS DE ENTREGA	Factura comercial.	Factura comercial.	Factura comercial.	Factura comercial.
	Lista de Empaque.	Lista de Empaque.	Lista de Empaque.	Lista de Empaque.
	Otros documentos dependiendo de las características del producto.	Otros documentos dependiendo de las características del producto.	Otros documentos dependiendo de las características del producto.	Otros documentos dependiendo de las características del producto.
	Documentos requeridos para exportación.	Documentos requeridos para exportación.	Documentos requeridos para exportación.	Documentos requeridos para exportación.
			Conocimiento de embarque.	Conocimiento de embarque.
				Póliza de seguro.

Tabla 4: INCOTERMS para cualquier medio de transporte

INCOTERMS PARA CUALQUIER MEDIO DE TRASPORTE	EXW	FCA	CPT	CIP
CARACTERÍSTICAS	El comprador asume todos los costos y riesgos de la operación.	El comprador asume todos los costos y riesgos de trasporte.	El vendedor paga el flete del transporte de la mercancía hasta el destino acordado.	El vendedor paga el flete del transporte de la mercancía hasta el destino acordado.
	El punto de entrega es igual al de transmisión del riesgo.	El punto de entrega es igual al de transmisión del riesgo.	El punto de entrega es diferente al de transmisión del riesgo.	El punto de entrega y del costo es diferente al de transmisión del riesgo.
	Representa el mínimo esfuerzo del vendedor.	Muy apropiado para mercancías trasportadas en contenedores.	Incluye la carga en el medio de transporte, pero no la descarga.	Incluye la carga en el medio de transporte, pero no la descarga.
	No incluye la carga en el medio de transporte.	Incluye trámites de exportación y la carga en el medio de transporte, pero no la descarga.	Incluye trámites de exportación.	Incluye seguro ordinario.
TRANSPORTE	No existe obligación alguna para el vendedor.	No existe obligación alguna para el vendedor.	El vendedor está obligado a la contratación del transporte.	El vendedor está obligado a la contratación del transporte.
SEGURO	No existe obligación alguna para el vendedor.	No existe obligación alguna para el vendedor.	No existe obligación alguna para el vendedor.	El vendedor está obligado a tomar una póliza a favor del comprador.
ENTREGA	Generalmente en la bodega del comprador o cualquier otro punto acordado en el lugar de origen.	El vendedor debe entregar los bienes en el transportista designado habiéndose cargado.	El vendedor debe entregar los bienes en el transportista designado habiéndose cargado.	Se hace al transportista designado y no al llegar este al destino contratado.

COSTOS INCLUIDOS	Empaque y embalaje.	Exportación, empaque y embalaje y carga al primer transportador.	Exportación, carga y trasporte principal.	Exportación, carga, transporte en origen, transporte principal y aseguramiento.
DOCUMENTOS DE ENTREGA	Factura comercial	Factura comercial.	Factura comercial.	Factura comercial.
	Lista de empaque.	Lista de empaque.	Lista de empaque.	Lista de empaque.
	Otros documentos dependiendo de las características del producto.	Otros documentos dependiendo de las características del producto.	Otros documentos dependiendo de las características del producto.	Otros documentos dependiendo de las características del producto.
		Documentos requeridos para exportación.	Documentos requeridos para exportación.	Documentos requeridos para exportación.
				Documento de transporte.
				Póliza de seguro.

Tabla 5: INCOTERMS para cualquier medio de transporte

INCOTERMS PARA CUALQUIER MEDIO DE TRASPORTE	DAP	DPU	DDP
CARACTERÍSTICAS	El punto de entrega es igual al de transmisión del riesgo.	El punto de entrega es igual al de transmisión del riesgo.	El punto de entrega es igual al de transmisión del riesgo.
	Todos los riesgos hasta la descarga en la terminal de destino son del vendedor.	Incluye la carga y descarga de la mercancía hasta el punto especificado.	Incluye la carga hasta el punto especificado, pero no la descarga.
	Incluye la carga y la descarga hasta el punto especificado de la terminal.	Incluye los trámites de exportación, pero no los de importación.	Todos los riesgos y trámites hasta el punto determinado son del vendedor.
	Incluye los trámites de exportación, pero no los de importación.		Representa el máximo esfuerzo del vendedor.
TRANSPORTE	El vendedor está obligado a la contratación del transporte hasta la terminal de destino.	El vendedor está obligado a la contratación del transporte hasta el lugar de destino acordado.	El vendedor está obligado a la contratación del transporte hasta el lugar de destino acordado.
SEGURO	No existe obligación alguna para el vendedor.	No existe obligación alguna para el vendedor.	No existe obligación alguna para el vendedor.
ENTREGA	El vendedor debe entregar los bienes descargados en el punto del terminal acordado.	El vendedor debe entregar los bienes en el lugar de destino acordado.	El vendedor debe entregar los bienes en el lugar de destino acordado.
COSTOS INCLUIDOS	Exportación, carga, transporte en origen y transporte principal.	Exportación, carga, transporte en origen, transporte principal y trasporte en destino.	Exportación, carga, transporte en origen, transporte principal, importación y trasporte en destino.

DOCUMENTOS DE ENTREGA	Factura comercial.	Factura comercial.	Factura comercial.
	Lista de empaque.	Lista de empaque.	Lista de empaque.
	Otros documentos dependiendo de las características del producto.	Otros documentos dependiendo de las características del producto.	Otros documentos dependiendo de las características del producto.
	Documentos requeridos para exportación.	Documentos requeridos para exportación.	Documentos requeridos para exportación.
	Documento de trasporte.	Documento de trasporte.	Documento de trasporte.

Concetos Clave

Concepto	Definición
INCOTERMS	Reglas internacionales que definen responsabilidades en contratos de compraventa internacional.
Cámara de Comercio Internacional (CCI)	Organización que promueve el comercio global y establece los INCOTERMS.
Punto de entrega	Lugar donde se transfiere la responsabilidad del vendedor al comprador.
Riesgo	Posibilidad de pérdida o daño de la mercancía durante el transporte.
Transporte principal	Etapa del transporte internacional asumida por una de las partes según el INCOTERM.
Seguro	Cobertura de riesgos durante el transporte, obligatoria en algunos INCOTERMS.
Documentación comercial	Conjunto de documentos requeridos para formalizar la operación (factura, lista de empaque, conocimiento de embarque, etc.).
Exportador	Parte que vende y entrega la mercancía en el comercio internacional.
Importador	Parte que compra y recibe la mercancía en el comercio internacional.
Contrato de compraventa internacional	Acuerdo legal entre comprador y vendedor que regula la operación comercial.

Referencias bibliográficas

- Ağaoğlu, C. (2020). Incoterms® 2020. *Public and Private International Law Bulletin.*
- Cabrera Cánovas, A. (2020). *Manual de uso de las reglas Incoterms 2020.* Barcelona, Marge Books.
- Cámara de Comercio Internacional (2020). *Incoterms® 2020*. ICC.
- Soler, D. (2021). *Guía práctica de las reglas Incoterms 2020: derechos y obligaciones sobre las mercancías en el comercio internacional.* Barcelona. Marge Books.

Contenido

www.ingramcontent.com/pod-product-compliance
Lightning Source LLC
LaVergne TN
LVHW022118200926
848481LV00003B/1189